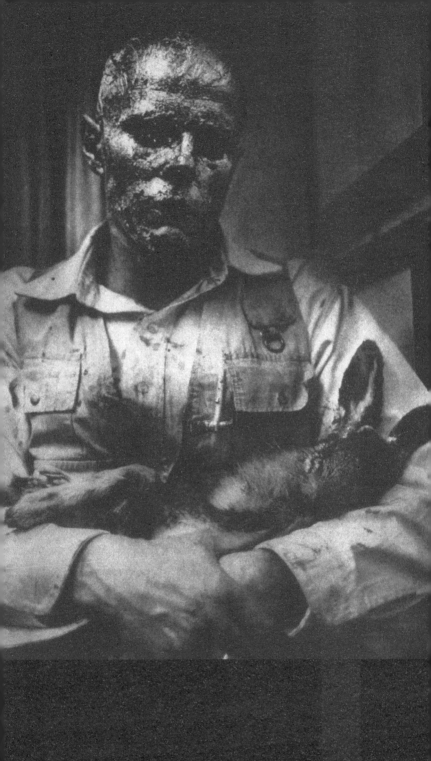

Joseph Beuys, Performance: *How to explain paintings to a dead hare*, Schmela Galerie, Dusseldorf, 1965.

Work in Progress
na Cena Contemporânea

Coleção Estudos
Dirigida por J. Guinsburg

Equipe de realização – Revisão de original: Miriam Palma; Revisão de provas: Ingrid Basílio; Sobrecapa: Adriana Garcia; Produção: Ricardo W. Neves e Sergio Kon.

Renato Cohen

WORK IN PROGRESS
NA CENA CONTEMPORÂNEA
CRIAÇÃO, ENCENAÇÃO E RECEPÇÃO

 PERSPECTIVA

Dados Internacionais de Catalogação na Publicação (CIP)
(Câmara Brasileira do Livro, SP, Brasil)

Cohen, Renato
Work in progress na cena contemporânea : criação, encenação e recepção / Renato Cohen. — 2. ed. São Paulo : Perspectiva, 2004. — (Estudos ; 162)

Bibliografia.
ISBN 978-85-273-0168-8

1. Arte da performance 2. Arte dramática 3. Teatro – História e crítica 4. Teatro de vanguarda 5. Vanguarda (Estética) I. Título. II. Série.

04-4374 CDD-792.028

Índices para catálogo sistemático:

1. Work in progress : Criação, encenação e recepção : Arte da performance : Teatro   792.028

[PPD]

Direitos reservados em língua portuguesa à
EDITORA PERSPECTIVA LTDA.

Av. Brigadeiro Luís Antônio, 3025
01401-000 São Paulo SP Brasil
Telefax: (011) 3885-8388
www.editoraperspectiva.com.br

2019

À memória de Marcos Cohen

Este livro resulta da pesquisa de doutoramento realizada na Escola de Comunicação e Artes da USP e, posteriores contribuições resultante do trabalho no Programa de Comunicação e Semiótica da PUC de São Paulo

*O puro e leve ascende e se torna o Céu
O inquieto e pesado desce e se torna a Terra.
Os sopros intermediários, ao se misturarem
harmoniosamente, produziriam o homem.
Assim, Céu e Terra contêm os germes,
os dez mil seres nascidos através de mutações.*

LAO-TZU

Sumário

A CENA EM PROGRESSO – *Sílvia Fernandes* XVI
INTRODUÇÃO XXII
DO PERCURSO................................XXXII

1. A Cena Contemporânea e o *Work in Process* 1

2. Parateatralidade / Sincronias / A Via da *Avant-Garde*:
   Historicidade e Questões da Recepção 8
   2.1. Art is Free: Life is Paralised – A Via das Vanguardas. ... 9
   2.2. A *Via Parateatral: Rituais, Manifestações,* Performance . 12

3. *Work in Process* como Linguagem: Considerações sobre
   Criação, Processos e Sintaxe Cênica 16
   3.1. O Procedimento *Work in Process*: Definição de Campo . . 17
   3.2. Mudança de Paradigmas: *Work in Process* e a Cena
        Contemporânea................................ 20
   3.3. Procedimentos *Work in Process: Leitmotiv* e Construção
        pelo *Environment* 25
   3.4. Construção de *Storyboard*: Textualização / Processos /
        Signagem 27

3.5. Um Modelo de *Work in Process:* Criação e Encenação do Espetáculo *Sturm und Drang* (Tempestade e Ímpeto). . . . 31
   3.5.1 Do Percurso................................31
   3.5.2. Da Linguagem 33
   3.5.3. O *Sturm und Drang*: Universo da Pesquisa 34
   3.5.4. Processos / Transições......................35
   3.5.5. *Sturm und Drang*: Organização dos *Leitmotive* . . 40
   3.5.6. Textualização / Transições / Construção de Storyboard............................... 40
3.6. *Work in Progress* como Linguagem 45
   Anexos 47
   1. Gerative 49
   2 Processos / Sincronicidade (*Sturm und Drang*) 50
   3 *Storyboard – Sturm und Drang*....................51

4. Do Estranho ao Numinoso: Processos de Criação / Atuação. 58
   4.1. Trabalhos em Campo Mítico: A Cena do Mistério 65
   4.2. Processos / Portas / Instauração de Campo Mítico 69
      4.2.1. Processos de Estranhamento: Criação de Campo Mítico 71
      4.2.2. *Look at Yourself:* Trabalhos em Campo Pessoal . . 75
      4.2.3. *Personae*: Trabalhos no Contexto Cênico........ 81
   4.3. Recuperação do Símbolo e Cena do *Mythos*.......... 85
   Anexos 87
   Índices de Passagem / Material Mitológico (*Capture*) . . 89

5. Teatro do *Environment*: Questões da Encenação / Formalização..................................... 94
   5.1. *Signagens, Gestus,* Ações: o Discurso da *Mise-en-Scène* 98
   5.2. Teatro do *Environment*: Construções no Espaço / Tempo. . 100
   5.3. A Cena Transversa: Considerações sobre o *Zeitgeist* Contemporâneo...................................103

6. *Work in Process* e Epifanias: A Cena da U-Topia 114
   6.1. Da Experiência Brasileira: Limites..................117

Referências Bibliográficas 120
   Teatro / *Performance* / Artes........................121
   Linguagem / Epistemologia / Semiótica 124
   Modernidade / Pós-Modernidade / Contemporaneidade 126
   Contracultura.....................................128
   Mitologias / Ritualização / Processos de Consciência......128

Material Fonte 131
　Fontes Textuais 131
　　Roteiro de Peças / *Performances* / Catálogos 131
　Espetáculos / Peças / *Performances* 133
　Fontes Multimídicas: 134
　　Videografia 134
　　Hipertexto / Arte Telemática 134

A Cena em Progresso

Depois de *Performance como Linguagem*, estudo de Renato Cohen publicado por esta editora em 1989, *Work in Progress na Cena Contemporânea* vem preencher uma lacuna que persiste em nossa bibliografia teatral. Apesar dos corajosos esforços da Perspectiva no mapea-mento teórico das artes cênicas hoje, ainda são poucos os estudos que se arriscam no território movediço da contemporaneidade, onde o pesquisador, mergulhado até o pescoço, sofre os mesmos sobressaltos de seu objeto.

No caso de Cohen, entretanto, o aparente perigo é parte da gênese criativa. Além de estudioso e teórico da *performance*, Renato é um artista que transita por várias experiências de fronteira, usando a multimídia, as instalações, o teatro, a dança e as artes plásticas como operadores de uma prospecção mais funda, feita em direção aos abismos do inconsciente ou às lonjuras da metafísica. A epifania na cena é, em qualquer dos casos, a meta do criador.

Quem teve o privilégio de assistir aos espetáculos de Cohen sabe do que se trata. Em todos eles, desde o belo e intrigante *Magritte – Espelho Vivo* de 1987 até a desnorteante *Ueinzz – Viagem à Babel* de 1997, era inevitável embarcar na luta do artista para alcançar o sublime que, como bem disse Lyotard, sempre teima em se esquivar como um impossível da formalização. Talvez por isso esse criador insista em enveredar pelos caminhos difíceis da arte em progresso. A fala disforme, o gesto avesso, a cena assimétrica e disjuntiva, a colagem estranha talvez componham as vicissitudes necessárias de uma arte que recusa a forma acabada e faz sua ontologia no território obscuro da subjetividade.

* Foto: Robert Wilson, *Time Rocker*. Thalia Theater, Hamburg, 1996.

Nos trabalhos teórico e prático de Renato Cohen, indiscerníveis, o elogio da desarmonia, emprestado de Dorfles, é feito em proveito de uma operação criativa de hibridação e superposição de conteúdos e gêneros, em que os paradigmas emergem para imediatamente se contaminarem num movimento que, em vários sentidos, tem semelhança com a teoria do caos. O *mythos* enquanto preenchimento de significação e o *work in progress* enquanto desconstrução de linguagem são apenas dois *topos* em que o leitor se agarra como a uma tábua de salvação para escapar do naufrágio de uma noção de teatro submetida a vendavais.

O campo da cena contemporânea, com seus vários nomes de batismo – parateatro, *performance*, dança-teatro, instalação, arte como veículo – resulta dessa devastação. E necessita de uma nova cartografia, que Renato consegue desenhar neste estudo de forma pioneira. Seu livro funciona como um mapa para todos aqueles que se aventuram pela obra de artistas que fazem da radicalidade seu modo de existir. Neste sentido, Joseph Beuys e James Joyce, Jerzy Grotowski e Antonin Artaud, Robert Wilson e Luiz Roberto Galizia, Richard Foreman e Gerald Thomas, Robert Lepage e Enrique Diaz são aproximados pelo que Cohen chama de "linguagem do *Zeitgeist* contemporâneo". A abstração contida nesse processo de analogias sucessivas que envolve artistas tão diferentes é notável se pensarmos no quanto a cena é concreta e no esforço necessário a seu descarnamento, que a teoria reflete em grau maior. Neste caso, desteatralizar a cena não tem por objetivo chegar à vida, mas ao "corpo numinoso" da manifestação teatral, à sua qualidade sensível e anímica. A opção pelo irracional e o apelo ao inconsciente são tentativas desesperadas de acesso àquilo que, na obra de Cohen, podemos sem medo chamar de alma. O problema, que ele indiretamente reconhece neste livro, é conseguir transformar alma em linguagem.

Na busca do indizível, é claro que Renato sabe dos riscos que corre. A incompreensão é o primeiro deles. Às vezes é visível o esforço que faz para envolver num halo científico o clima epifânico que acaba de sugerir, e que na cena conseguiu alcançar em plenitude. Nessas passagens, o relato minucioso dos procedimentos parece funcionar como uma cartografia destinada ao cético leitor deste fim de milênio. A idéia de hipertexto, emprestada à arte virtual, é mais um passo em direção ao limiar tênue que, no caso deste artista, separa o teatro do *work in progress*.

Pensando nessa distinção, pode-se perguntar se a obra em progresso não é a forma que o teatro assumiu neste fim de milênio. O autor evita a polêmica e prefere mapear a linguagem *work in progress*. O conceito de obra não acabada, e o risco implícito num processo que vive da possibilidade de não confluir para um produto final, mantendo-se enquanto percurso criativo, parecem constituir a mímese

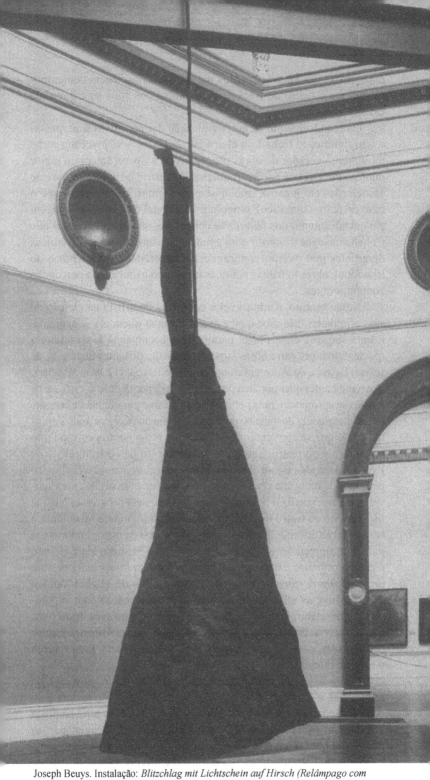

Joseph Beuys. Instalação: *Blitzchlag mit Lichtschein auf Hirsch (Relâmpago com Claridade sobre Veado)*. Martin Gropius Building, Berlim, 1982.

mais eficaz dos encadeamentos mentais da consciência contemporânea, que o teatro de Beckett já apontava nos anos 50 e que o de Cohen reatualiza.

O reconhecimento da indeterminação das narrativas superpostas e sem significado fechado, a eleição do *corso-ricorso* joyceano como movimento gerador de obras progressivas, a operação com o maior número possível de variáveis abertas, que parte de um fluxo livre de associações em lugar de apoiar-se em sistemas fechados (como é o caso do texto dramático), o neologismo visual das palavras-imagem e o encadeamento dos *leitmotive* condutores são procedimentos que Cohen consegue discernir com agudez nas construções polissêmicas de artistas que tiveram a coragem de enveredar pelo território do irracional, abrindo trilhas poéticas no campo exaurido da percepção contemporânea.

Nesse sentido, é admirável a coerência do artista na eleição de suas afinidades. Ele sabe qual é sua arte e com quem ela se aparenta. É uma surpresa e um prazer para o leitor acompanhá-lo na tessitura das semelhanças entre obras supostamente tão distantes quanto as de Joseph Beuys e do Wooster Group, ou de Vito Acconci e Wim Wenders. Dessemelhantes quer por área de atuação, quer por definição estética, os artistas se aproximam pela pertinência ao mesmo paradigma de criação.

Outra riqueza do trabalho do autor é o apoio nos teóricos mais importantes do que se convencionou chamar de movimento pós-moderno na cultura e no teatro. Tanto a escola francesa pós-estruturalista de Lyotard, Derrida, Baudrillard, Deleuze e Guattari quanto o já clássico pensador de linha marxista Fredric Jameson são convocados para subsidiar e contextualizar as manifestações da arte em progresso. No que diz respeito ao teatro de forma específica, é importante mencionar a apresentação ao leitor brasileiro de dois ensaístas da maior importância para a compreensão da cena contemporânea. Sem dúvida é Renato Cohen o primeiro a utilizar de forma sistemática *Performing drama/ dramatizing performance*, o importante estudo de Michel Vanden Heuvel sobre as relações produtivas entre a encenação contemporânea e a dramaturgia "pós-dramática". É também através deste livro que o interessado em teatro pode conhecer Johannes Birringer, autor de vigorosos ensaios sobre Heiner Müller, Bob Wilson, Pina Bausch e Karen Finley.

Como se vê, o trabalho de Cohen, na dupla via do sensível e do intelectual, é imprescindível a todos aqueles que se interessam pela cena contemporânea. Mas não apenas isso. É também uma resposta aos que criticam as pesquisas teatrais mais radicais, condenando-as por inventarem o novo sem darem conta da história. Este livro mostra que invenção e tradição não são incompatíveis. O estranhamento brechtiano empregado como recurso de ruptura das representações habituais, visando à ampliação da consciência do criador e do espectador, a supermarionete de Craig tomada como referência para o ator que compõe *personas* em lugar de personagens, a biomecânica de Meyerhold usada como suporte de fisicalização da cena, a espaciali-zação de Appia eleita como meta de criação para o encenador/autor, o duplo artaudiano empregado como avesso do familiar e a *Gesamtkuns-twerk* wagneriana recuperada a partir dos recursos da *performance* e das instalações são meios de que o autor lança mão para mostrar de que forma o teatro de hoje relê seu passado, para melhor adequá-lo aos tempos que correm.

Sem esquecer o passado, Renato Cohen consegue montar peças capitais do quebra-cabeça em que se transformou a cena contemporânea, dotando o leitor de potentes operadores de leitura.

Sílvia Fernandes

Introdução

[...] *O conceito de escultura pode ser estendido aos materiais invisíveis usados por todos:*
Formas pensantes – como moldamos nossos pensamentos ou
Formas falantes – como lapidamos nossos pensamentos em palavras ou
Escultura social – como moldamos e esculpimos o mundo em que vivemos..

JOSEPH BEUYS[1]

O projeto desse livro nasce de um enfrentamento com questões da nomeada "cena contemporânea": a cena das vertigens[2], das simultaneidades, dos paradoxos próprios do *Zeitgeist*[3] contemporâneo.

Numa permeação que se dá tanto por uma via prática – num percurso como criador, encenador – quanto teórica, a pesquisa busca matizar essa "cena das simultaneidades" em seu conjunto de manifestações, espetáculos, acontecimentos: a cena da disjunção, "dos corpos sem vozes, das vozes sem corpo"[4], a cena da mediação – da

---

* Angelina Festa. Performance: *You are obsessive, eat something*, 1984.
1 Joseph Beuys, escultor, *performer*, pensador alemão, que defende o intrigante conceito *Denken ist Plastik* (pensar é esculpir) e cria sua revolucionária teoria escultórica. Em Caroline Tisdall, *Joseph Beuys*, The Solomon Guggenheim Museum, catálogo de exposição.
2 Paul Virilio aponta um "desnorteio da representação" (em *A Imagem Virtual Mental e Instrumental, A Imagem Máquina*, São Paulo, Ed. 34, 1996).
3 Espírito de época. Em 1982 , a instalação *Blitzschag mit Lichtschein auf Hirsch (Relâmpago com Claridade sobre Veado)*,1958-1985 de Joseph Beuys, *work in progress* gestado em 35 anos, abre a exposição *Zeitgeist,* na Martin Gropius Building de Berlim.
4 Flora Sussekind ("A Imaginação Monológica", *Revista USP*, jul. 1992) comentando os trabalhos de Gerald Thomas e Bia Lessa. Operação narrativa contemporânea, a dis-junção corresponde à separação, edição, re-edição: o não--junto, o não-contemporâneo.

montagem[5], a grande cena mental – em que imaginário e real estão plenamente confundidos[6].

Essa nova cena, da pulsação, do devir, das intensidades, das narrativas simultâneas, tem seu momento inaugural na obra de Robert Wilson (*Life and Times of Joseph Stalin*, 1973; *Einstein on the Beach*, 1975)[7], cujas óperas permeadas por sonoridades, abrupções, tecnologia, *performance*, idiossincrasia já sobrepunham o onirismo, a visão multifacetada, a ultracognitividade. Materializando a proposição da *Gesamtkunstwerk* (obra de arte total) wagneriana, Robert Wilson equipara paisagens visuais, textualidades, *performers*, luminescências, numa cena de intensidades em que os vários procedimentos criativos trafegam sem as hierarquias clássicas texto-ator-narrativa.

São retomadas na gênese dessa cena experimentos das vanguardas – a forma autônoma futurista, o sonorismo dadá, o fluxo automático dos surrealistas – e da arte-*performance* numa trajetória em que os procedimentos do formalismo, do conceitualismo, do minimalismo e da mediação vão compor as matrizes da cena contemporânea.

Orquestra-se uma cena polifônica e polissêmica apoiada na rede, no hipertexto[8], na plurissignagem, nos fluxos e suportes em que a narrativa se organiza pelos acontecimentos cênicos, pela *perfomance*, por imagens condensadas, por textualidades orobóricas e não mais pela lógica aristotélica das ações, pela fabulação, por construções psicológicas de personagem.

Num imbricamento intenso entre criador-criatura-obra, a cena dá tessitura às fraturas pós-modernas, estabelecendo *continuum* nas descontinuidades, permeando intensamente as ambigüidades arte/vida. Nessa ordem, legitima-se o fragmento, o assimétrico, o informe, rasgo da epifania.

---

5 Elizabeth Lecompte, diretora do Wooster Group, comenta em sua montagem *Frank Dell's – The Temptation of St Antony* (Sesc Anchieta, 1997): "Nosso mundo está cheio de conversas unilaterais cujos protagonistas estão em conexão com a ajuda de redes eletrônicas (o corte no cinema, o "outro" implícito na conversa telefônica). Atual-mente é raro que estejamos no mesmo lugar com a pessoa com que estamos falando. O novo naturalismo é eletrônico e fílmico".

6 Baudrillard (*Na Sombra das Maiorias Silenciosas*, São Paulo, Brasiliense, 1985) aponta a ambigüidade entre imaginário e factual na fixação do real.

7 Encenador americano: *Life and Times of Joseph Stalin* foi encenado no Brasil, por causa de censura, com o nome de *Life and Times of Dave Clark*, em cena que revolucionou o teatro brasileiro. Bob Wilson voltaria em 1994, na Bienal Internacional de São Paulo, sob a curadoria de João Cândido Galvão, com *When We Dead Awaken*, de Ibsen.

8 Hipertexto enquanto superposição de textos incluindo conjunto de obra, textos paralelos, memórias, citação e exegese. O semiólogo russo Iuri Lotman (*Universe of the Mind*, London, Tauris, 1990) nomeia o grande hipertexto da cultura depositário de historiografia, memória, campo imaginal e dos arquês primários.

Essa escritura permeia outra narratividade apoiada nas associações, nas justaposições, na rede, numa não-causalidade que altera o paradigma aristotélico da lógica de ações, da fabulação, da linha dramática, da matização na construção de personagens.

O novo paradigma contemporâneo estabelece, na cena e na teatralização, a passagem de modelos de unidade[9] afeitos à lógica aristotélica de ações dramáticas e às atualizações do século XIX propostas por Richard Wagner (na totalização pela *Gesamtkunstwerk*), Gordon Craig e Stanislavski (propondo unificação na presença do ator) ao modelo de justaposição, característico da modernidade e acelerado pelas novas tecnologias do contemporâneo, em que operacionaliza-se o fragmento, a emissão múltipla, o texto ideogrâmico em procedimentos de *collage*, montagem e mediação.

Opera-se uma nova cena que incorpora a não-seqüencialidade, a escritura disjuntiva[10], a emissão icônica, numa cena de simultaneidades, sincronias, superposições, amplificadora das relações de sentido, dos diálogos autor-recepção, fenômeno e obra.

Conjuga-se a cena da perplexidade, do paradoxo, da crise, da numinosidade: Malévitch anuncia a condição do deserto[11], o grau zero da representação, o fim da representação. Artaud insurge-se contra a palavra literária, lexicizante e redutora do mistério e da crueldade. Grotowski declara o fim do público e do olhar distanciado, con-textualizador. Chegamos ao fim da narrativa – linear –, ao fim do teatro[12].

A cena contemporânea tem, então, linhagem, no teatro da morte de Kantor – reiteração de paisagens culturais –, no teatro de Richard Foreman, paisagem de índices sonoros, abrusões, nos planos simultâneos do discurso do Wooster Group, na *performance* agônica de Joseph Beuys, numa criação de mediações extremas entre realidade e ficção, forma e sentido que dão *continuum* à voz poética, na escritura disjuntiva de Samuel Beckett, nas poéticas minimais de Robert Wilson e Lucinda Childs e, num leque mais amplo, em trabalhos tão distintos como as repetições de John Cage e Merce Cunnningham, as representações espasmódicas de Pina Bausch, da Arte Butô, os *environment* plásticos de Christo, as alusões de Robert Morris, as epifanias visuais de Bill Violla e Gary Hill, entre inúmeros outro exemplos.

---

9 A partir de construção de Sílvia Fernandes para a cena de Gerald Thomas.
10 A escritura cênica de Samuel Beckett, que superpõe camadas narrativas, alicerçadas por aliterações, fraturas, fluxos de consciência e silêncios, é emblemática dessa construção.
11 Malévitch, em seu manifesto suprematista, propõe chegar a "condição do deserto" à uma transmissão que prescinda do suporte.
12 Baudrillard, *op. cit.*

No Brasil, tal cena desdobra-se na experiência dos concretistas – nas poéticas verbicovisuais[13], no teatro palimpsesto de Gerald Thomas, nas espacializações de Bia Lessa, Enrique Diaz, nas mitologias de Antonio Araújo, no butô de Maura Baiocchi, na cena de Tunga, Arnaldo Antunes, Livio Tragtenberg, na *performance* de Beth Coelho, nas imagens de Walter Silveira, Lucila Meirelles, Artur Omar, entre inúmeros exemplos.

Nascendo no contexto do pós-estruturalismo[14] sob a égide da desconstrução[15], essa cena assinala a contemplação do múltiplo, da pluralidade em contraparte ao logismo linear aristotélico-cartesiano, a redução da solução psicológica. Incorpora-se o enlevo, a multiarte, as soluções da *collage*, o texto hierogrâmico de Antonin Artaud em busca do teatro vivo. São referenciais nessa "babel" cognitiva a palavra fônica dos futuristas, a busca da arte pura – no eclipse de Malévitch, no castelo conceitual de Marcel Duchamp, no projeto escultórico, textual de Joseph Beuys, na anti-*Gesamtkunstwerk* de Robert Wilson.

Cena que estabelece *morphos* ao *Zeitgeist* contemporâneo pareando-se às revoluções da ciência e da linguagem: relativística, teoria do caos, fractalidade, quântica, criam novos logismos que incorporam o acaso, a descontinuidade, a assimetria, a complexidade, o fenômeno em toda sua escala mediando o sujeito expressante no bojo da cena. É o momento conjuntivo de Deleuze – do isso e aquilo, da construção rizomática[16] –, da visão cúbica, simultaneísta, da criação de outro estatuto do real.

Nessa ordem, o contemporâneo – sob a aura da modernidade – marca as grandes passagens da cena, nas quais o texto alça-se à hipertexto – matriz de enunciados, citações, tessituras do grande palimpsesto memorial. Contempla-se, no hipertexto, a polifonia das vozes, autoral, das alteridades, do encenador, do *performer*: Robert Wilson, Kantor, Thomas, Elisabeth LeCompte estabelecem construtos contínuos e interferências dinâmicas na obra em gestação/presentação.

O hipertexto, mediatizado e prismado por tecnologia (o *vocoder*, as vozes *off*, as vídeo-instalações de Wilson e Wooster Group), amplifica e opacifica a recepção possibilitando as extensões corporais

---

13 Termo cunhado pelo grupo concretista Noigrandes (Augusto de Campos, Haroldo de Campos, Décio Pignatari).
14 Na linha de autores como Derrida, Deleuze, Guattari, Virilio, da escola pós--estruturalista francesa.
15 Desconstrução enquanto veiculação dos "modelos de diferença", na dicotomia diferença e repetição, articulada pela escola pós-estruturalista francesa. Esses modelos – derivados, particulares, relativistas – apontam leituras à complexidade contemporânea e estabelecem contraparte ao cânone estruturalista.
16 Rizoma: conceito axiomático da organização deleuziana em que proliferações pulsionais se inseminam, possibilitando linkagens entre pontos distintos e diversos, sem organização hierárquica (ver Deleuze, *Mil Platôs*, São Paulo, Ed. 34, 1995, vol. 1-4.).

(por imagens ampliadas), a eletronificação da voz autoral e a criação de polifonias, de para e supra-sentidos.

Nessas passagens contemporâneas, a atuação transita da interpretação (naturalismo) à *performance*: no Brasil, Beth Coelho é o emblema desse processo em sua presença expressionista, formalista, em seu histrionismo lúgubre. Na cena, a forma antecede o sentido, a organização narrativa ancora-se na sincronia – a geografia cênica – em detrimento do constructo histórico-temporal, de natureza diacrônica: Robert Wilson, em sua poética cênica, opera um tempo bergsoniano, da duração, do *cronos* alongado, perpretando janelas, molduras, que corporificam espacializações mórfico-psíquicas.

A nova cena está ancorada em alternâncias de fluxos sêmicos e de suportes, instalando o hipersigno teatral, da mutação, da desterritoriali-zação, da pulsação do híbrido: o teatro de Richard Foreman suporta-se no signo indicial, das alusões, do rastro, das alternâncias corpo, voz, sentido, imagem.

O contemporâneo contempla o múltiplo, a fusão, a diluição de gêneros: trágico, lírico, épico, dramático; epifania, crueldade e paródia convivem na mesma cena. Bob Wilson, Thomas, Enrique Diaz alinham, sem medo, os diversos procedimentos cênico-narrativos. Em *When We Dead Awaken,* Robert Wilson constrói um ato em linguagem, *bunraku*, japonesa, passando em seguida à cena das instalações, ao trágico, ao suspense, ao lírico.

Quanto ao contexto intrínseco, a operação teatral/parateatral no contemporâneo, alteram-se as relações clássicas de vozes e textos matriciadores do espetáculo: axiomaticamente estão em jogo três vozes que agenciam texto, lugar e presença – a voz / texto autoral, aprio-rística, a voz do *performer*/ator e a voz do encenador, organizador da *mise-en-scène* expressiva. No contemporâneo, a voz do encenador, que geralmente é o criador, acumulando autoria – caso de Robert Wilson, Tadeusz Kantor, Lee Breuer, entre tantos outros –, ganha pre-ponderância, priorizando-se o *work in progress* criativo, na incorporação de intensidades, polifonias, na hibridização dos textos da cultura.

Insemina-se, de outro lado, uma quarta voz expressante – a voz do receptor-autor – por vias da interatividade[17], em que essa participação cresce, interferindo, mediando e criando texto numa série de manifestações. Essa entrada do receptor já era operada em inúmeras cenas da arte-*performance* – Jonas Mekas[18] realizava *performances* em seu apartamento em que o público, convidado pelo *Village Voice*,

---

17 As novas tecnologias com recursos como Web-Art e CD-Rom amplificam essas mediações.
18 Citado em *American Alternative Theater*.

tornava-se, desavisadamente, protagonista do *happening*, à medida que saía do elevador.

Ao encenador-orquestrador da polifonia cênica, na operação dos fluxos intersemióticos, de partituras de texto, imagem, corporeidades e suportes – e não ao dramaturgo –, cabe a guia da cena contemporânea. Encarna, nesse sentido, a função do "homem total do teatro" preconizada pelo teatralista Edward Gordon Craig[19].

Privilegia-se, na nova cena, o criador – em presença –, sua voz autoral, em que se acumulam as funções de direção, criação da textua-lização de processo e *linkage* da *mise-en-scène*. Desloca-se, na verdade, os procedimentos da *performance*, em que o criador-atuante partituriza seu corpo, sua emoção, subjetividade, suas relações com a escala fenomenal, com o espaço, tempo, materiais, para a extensão grupal, a operação cênico-teatral.

O embate, a operação e a perplexidade com essa cena das mutações – exercidos nas minhas montagens de *O Espelho Vivo* e *Tempestade e Ímpeto*, além das *performances* e *workshops* transitórios – bem como o contato com as operações de gênese criativa, direção, orientação de *performers* me levaram a articular o trabalho a partir de dois vetores pulsantes: primeiro, a nomeação de um operador, o *work in progress*[20], que define um campo expressivo, no qual se inclui o risco, a processualidade, a encampação da complexidade.

Organiza, também, as diversas operações cênicas, processuais, que incluem a recepção fenomenal, a gênese criativa, a direção dos *performers*, a formatação do texto espetacular, a presentação e a poética da recepção. Essas fases estão emanadas de mediação, significação, semantização.

Particularmente, acrescento um outro operador – a operação do *mythos* – que vai dar corporeidade, mitificação e enlevo à criação espetacular. Estabelecendo arquês de contorno, mitologias pessoais ao *performer*, o contato com o grande texto da cultura, inseminando memória e mito, a operação mitologizadora organiza o *topos* psíquico, sensório e paracognitivo do espetáculo, criando planos de imanência.

Essa mitologização / ritualização é usual em uma série de expressões contemporâneas, que vão da cena butô[21] ao parateatro de Grotowski, da cena antropológica de Barba e Peter Brook às incursões pelo teatro das fontes, de cerimônias, intercultural.

O trabalho busca estabelecer, dessa forma, uma cartografia da encenação e das gêneses criativas a partir do ponto de vista do

---

19 Em *Da Arte ao Teatro*, Lisboa, Arcádia, 1911.
20 O termo corrente usado na literatura é *work in progress* (*trabalho em progresso*). Utilizamos, nesse livro, também a terminologia *work in process* incorporando as noções de progresso temporal e processualidade.
21 Dança das trevas e das intensidades, idealizada pelo precursor Hishikata.

criador-*metteur-en-scene*: são estruturadas as etapas da cena, a *genex* criativa, com permeação de todos processos derivativos, permeativos.

Nessa pesquisa, atentamos para os procedimentos criativos da cena processual – que incluem a deriva, o irracionalismo, o *display*, a cartografia, a justaposição. Em grandes mediações do consciente e inconsciente, são recuperados experimentos paradigmáticos das vanguardas e da arte-*performance*: a *Merz-bau* de Kurt Switters, as aliterações dadá, o conceitualismo, o corpo instalado, a alteração de contextos.

No estudo da tessitura espetacular são focados os diversos procedimentos que mediam a fusão de enunciantes na composição do texto cênico: processos de sintaxe, montagem, mitologização, hibridização, semantização de conteúdos inseminando historicidade, alusão, paisagens mentais, narratividade.

Certamente, no contemporâneo, essas operações criativas vazam e são atravessadas por outras linguagens exógenas à cena teatral. Vivemos o momento do espalhamento da teatralidade e da atitude performática, estendidos à moda, à mídia, ao cotidiano, em permeação constante com um mundo espetacularizado[22], desfronteirizado. "O artista contemporâneo imbui-se da missão de criar contexto e não mais texto, obra"[23].

Essas passagens consubstanciam, como foco temático, o segundo vetor da pesquisa, qual seja, nortear o campo conjuntivo da cena contemporânea em suas modalidades, expressões e operações. Retomamos, nessa ordem, discussões acerca do pós-moderno no teatro e seus desdobramentos nos anos 90.

Na construção do *topos* cênico contemporâneo, estabelecemos a linhagem e o diálogo direto com as produções das vanguardas, cuja transmissão realiza-se com maestria na obra de contemporâneos como Pina Bausch, Robert Wilson, Tadeusz Kantor. Retomam-se procedimentos e estratégias do formalismo, do fonismo de Klhébnikov, da arquitetura conceitual de Marcel Duchamp, do concretismo, da linha irracionalista – o fator Chéval[24], Artaud, a imanência de Grotowski. Consubstancia-se, nesse contorno, uma escolha pelo tema da epifania, pela reavivação do tema do sublime, romântico, moderno.

O período de observação e recolhimento de material de pesquisa organizado num primeiro momento resultou em tese de doutoramento (ECA/USP, 1994), nos anos de 1990-1994, quando se consolida a chegada de Gerald Thomas ao Brasil – marcando um apogeu da

---

22 Guy Débord (*A Sociedade do Espetáculo*), nos anos 60, anuncia um capitalismo totalitário que se publicita pela espetacularização.
23 Roy Ascott, criador e pesquisador, coordenador do Centro de Arte e Tecnologia (Caiia).
24 Chéval, artista "bruto", constrói um castelo irregular ao longo de toda sua vida (em Thévoz, *L'Art brut*, Genève, Skira, 1980).

encenação, do olhar estrangeiro – e, com produções do Sesc e Secretaria Estadual de Cultura (SP), torna-se constante, entre nós, a presença de criadores e grupos como Pina Bausch, Fura dels Baus, Robert Wilson, Sankai Juku, entre inúmeros outros, culminando com a volta de Grotowski ao Brasil.

Consolidava-se, também, a formação de um teatro autoral, de encenadores-criadores, aglutinando *performers* e artistas de diversas mídias, que, com o suporte e guia do produtor Yacov Sarkovas, foram agrupados em eventos que resultaram nas primeiras edições do Festival de Teatro de Curitiba. Apresentaram-se nas primeiras edições grupos como o XPTO, trabalhos de Bia Lessa, Gerald Thomas, Enrique Diaz, Antonio Araújo, Beth Lopes, além da reafirmação do poderoso José Celso Martinez Correa. Participei como encenador da segunda edição do Festival com o espetáculo *Sturm und Drang* (*Tempestade e Ímpeto*), *work in progress* sobre temas românticos e búdicos.

Como produção subseqüente realizei o espetáculo multimídia *Vitória sobre o Sol* (1996) – Prêmio Estímulo da Secretaria Estadual de Cultura –, evento que foi apresentado posteriormente no Encontro Internacional de Arte e Tecnologia, promovido pelo Instituto Cultural Itaú em 1997, com o nome de *Máquina Futurista*. Esta fase operativa coincide com meu contato com o Programa de Semiótica da PUC-SP, voltado para a investigação de novos processos cognitivos e o estudo da complexidade na linguagem e na comunicação. Os novos mídia e suportes tecnológicos apontam intersecções com a arte-*performance*, viabilizando e amplificando a escritura do hipertexto e a realização de trabalhos *in progress*.

Numa outra frente, em parceria com o diretor Sérgio Penna e o músico Wilson Sukorski, realizei trabalho com pacientes do Hospital-dia A Casa[25], encenando, em 1997, a peça-*happening Ueinzz – Viagem à Babel*. Curiosamente, essas frentes reúnem como projeto a mediação com os dois grandes pólos contemporâneos: o ritual – desde a extensão da loucura – e a tecnologia.

Esse trabalho se tornou possível com o suporte contínuo do CNPq. Também tive o apoio institucional e afetivo dos colegas da Escola de Comunicação e Artes da USP e do Programa de Comunicação e Semiótica da PUC-SP.

Lembro, nesse momento, como homenagem, o nome de artistas radicais, que inscreveram sua legenda, mortos no período da pesquisa: Abbie Hoffman, Joseph Beuys, Kurt Cobain – *in a nirvanic dream* – e Tadeusz Kantor. Também o amigo e produtor Robison Ribeiros.

Agradeço a Jacó Guinsburg, orquestrador e orientador da pesquisa, às inspirações de Miriam Schnaiderman, Reni Chaves Cardoso,

---

25 Sob a coordenação de Peter Pál Pelbart, Renata Puliti e Paula Francisquetti.

Jerusa Pires Ferreira, Sílvia Fernandes, Arnaldo de Mello e Peter Pál Pelbart, para citar alguns. Ao suporte de Lúcia Santaella. De Gita Guinsburg. As colaborações de Artur Matuck, Nando Ramos, Silvana Garcia, Lali Krotozinski, Sérgio Penna, Renata Puliti e Lúcio Agra. À Miriam Palma, pela revisão atenciosa.

E, intensamente, aos *performers*, navegadores, companheiros de jornadas, Sérgio Farias, Lali Krotozinski, Carlos Martins, Meire Nestor, Fernando Lee, Maurício Ferrazza, João Andreazzi, Jutilde Medeiros, Soraia Sabino, Mariela Nobel, Eric Novinski, Lorena Nobel, Andrea Araújo, Cacá Diniz, entre inúmeros outros aqui não citados. Aos amigos Eliane Marx, Gil Finguermann, Albert, Ludmilla, Edilene, Cami, Rosane, Paula, Consuelo, Vera, Beth, Isa K., Sandra, Mara. Aos Cohen.

Do Percurso

Now is the time to get away
1 and 2
1 and 2
I'll be with you in just a minute
I'll be with you in just a minute
I'll be with you in just a minute
Oh hello that's just the call I was waiting for
(Oh hello that's just the call I was waiting for)

CHRISTOPHER KNOWLES[1]

O *corpus* da pesquisa estrutura-se a partir de duas vertentes inter-relacionadas: a primeira, da práxis, cujo resultado emergente foi a cria-ção, operação e encenação do espetáculo *Sturm und Drang (Tempestade e Ímpeto)*[2], pela linguagem do *work in process,* em que participei, prioritariamente, como criador, roteirizador e encenador.

A outra vertente, teórica, resulta num construto a partir dessas observações (emergentes da práxis, de incisões críticas, de nutrimento de leituras e ensaios) que apontam para uma formulação de linguagem e contextualização da ambiência do trabalho – a cena contemporânea[3].

* Foto: *Sturm und Drang / Tempestade e Ímpeto*. Direção: Renato Cohen; *Performer:* João Andreazzi. Parque Modernista, São Paulo, 1992.
1 Ator autista, colaborador de Robert Wilson (em Luiz Roberto Galizia, *Os Processos Criativos de Robert Wilson,* São Paulo, Perspectiva, 1986, p. 55).
2 Trabalho gerativo realizado no período da pesquisa da tese (1990-1994). Tipicamente um *work in process,* cujo percurso foi documentado em todas as suas etapas – processo, criação, encenação, recepção da apresentação. Em fase embrionária, com o título transitório de *Ekstasis,* participou do Festival de Inverno de Belo Horizonte (1991), passando por São Paulo (1992, Parque Modernista) e, finalmente, figurando no II Festival Nacional de Teatro de Curitiba ao lado de outras encenações emblemáticas do teatro contemporâneo.
3 Nesse primeiro momento, definido enquanto emissões e configurações sincrônicas, com pertinência cronológica e temática à nossa observação (captação).

Essas vertentes configuram dois olhares[4] entremeados: o da práxis, apriorístico, vivencial, pontuado por fluxos emocionais, devires, intuições; estabelecendo – enquanto campo da ação, da interferência – o recorte dos objetos e o território de atuação. O segundo, olhar de um *logos*[5], articulado *a posteriori*, operando enquanto organização, reflexão, (des)construção. Dessa forma, o trabalho conceitual configura-se a partir de uma aproximação pela Empiria.

Essa operação da práxis[6] tem se configurado, no meu percurso de encenador, através de trabalhos mais formalizados, dos quais as montagens de *Magritte – O Espelho Vivo* (1986-1988), *Sturm und Drang (Tempestade e Ímpeto)* (1990-1993) e *Vitória Sobre o Sol* (1996) são os mais significativos; de *performances*, *happenings* e vídeo-instalações – manifestações parateatrais[7] – realizadas, principalmente, no âmbito de mostras, *workshops*, oficinas[8] e de observações, devaneios (no sentido de Bachelard), impulsos, objetivações no entremeio entre os contextos arte/vida[9].

Essa incisão em "realidades" concretas (preparação de espetáculos, *workshops*, discursos) entremeia operações mais fechadas (cenas no contexto teatral), narrativas e manifestações com maior grau de liberdade e espontaneidade (influxos libidinais, *Gestalts* do instante, *leitmotive* inconclusos) casos das performances, *workshops* – e, finalmente, fragmentos, recortes, *insights*, observações sem finalidade ordenadora que vão dar toda a tessitura e nutrimento do *work in process*[10].

Nessa trajetória, trava-se o "embate" da operação da práxis, que busca respostas às questões intrínsecas à operação artística (teatral, parateatral): questões de linguagem – problemas de representação/transposição, território, recepção; processos criativos, dados de

---

4 Olhar enquanto pulsação, cognição, sentimento, modelo, consciência.
5 Um *logos* não-cartesiano, gestáltico, ambivalente.
6 Essas operações são intercaladas: a justaposição e composição de cenas demanda, no final, uma logicidade apolínea, e certos influxos da escritura/teorização são comandados por inspirações, fluxos alógicos, emoções gerativas.
7 Parateatral enquanto campo de manifestações pareadas, mas ideológica ou formalmente dissonantes com o *topos* teatral.
8 Realizei um conjunto de oficinas nomeadas *Aktion*, seguindo os conceitos de *performance*, processo e transmutação propostos por Joseph Beuys (Oficinas Três Rios, 1990-1994).
9 Alguns trabalhos norteados por demandas externas (trabalho gurdjeffiano, grupos de estudo), outros por pura subjetividade.
10 Alavancando os diversos *leitmotive* de vida e do trabalho criativo. Essa operação é gestada, em grande parte, em nível inconsciente, subliminar, daí a dimensão dessas ocorrências não-objetivas no trabalho do *work in progress*.

repertório, questões de direção, contato com *performers* e devires, manifestações ainda sem corpo/contorno de configuração[11].

Essa bússola intuitiva colocou-me, num primeiro momento, na pesquisa de gestos minimalistas, na busca de gestaltes cênicas (fusões imagem/corpo, uso de *mixed-media*), incursões no *silent theatre*[12] e nas derivações da arte-*performance*[13] (atuações não-naturalistas, narrativa fragmentada) – faceados pelo estudo da psicanálise e das irrupções do inconsciente, trabalho este que resultou na montagem de *Magritte – O Espelho Vivo*[14].

Esse trabalho foi acolhido com extrema surpresa[15] no cenário brasileiro, tendo recebido o Prêmio Revelação do Ano (Inacen) e convites para participação em festivais no exterior.

O maquinismo dos *performers*[16], o uso ao paroxismo do *silent--theatre*, o trabalho processual[17] e, principalmente a narrativa não-aristotélica suportada pelos climas de intensidade abstrata e fortemente arquetípicos, próprios do surrealismo (e exacerbados em Magritte, Dalí e De Chirico) provocaram intensa comoção da platéia[18].

11 Trabalho próprio da operação artística e, particularmente, da *avant-garde* que busca forma e trânsito para conteúdos inconclusos.
12 Nesse momento, recebendo influências da trajetória de Bob Wilson e seu trabalho com consciências limites (autistas, esquizofrênicos, surdos-mudos), na Byrd Hoffman Foundation (ver Luis Roberto Galizia, *op. cit.*).
13 Buscando uma cena que escapa ao formato do Teatro, um *leitmotiv* que acompanha todo meu percurso e que delineia o universo de contorno dessa pesquisa, transverso ao teatral instituído (caminhos da *avant-garde*, *happenings*, ritualizações, cena multimídia).
14 Também um *work in process* (na época não havia essa clareza de linguagem) formalizado, após inúmeros percursos, escolhas, abandonos (rituais punks, surrealismo) que desaguaram no repertório de *Magritte*.
15 "*O Espelho Vivo*, uma colagem audaciosa sem precedentes no Brasil" (Vivien Lando, *O Estado de S. Paulo*, Caderno 2). "Para aqueles preocupados com os desdobramentos da vanguarda, *O Espelho Vivo*, imperdível" (Edélcio Mostaço, *Folha de S. Paulo*, Ilustrada). "*O Espelho Vivo* foi a proposta mais arrojada do festival [Festival Internacional do Porto]" (M. Espírito Santo, *O Primeiro de Janeiro*, Portugal).
16 Trabalho em quarta parede: "solicita dos intérpretes uma pulsação específica, gestos lentos, olhares abstraídos... evidencia seu mergulho no universo abissal" (Sebastião Millaré, *Revista Artes*). Ana Maria Amaral classifica, num extremo, essa atuação humana como teatro de bonecos (evocando as "sur-marionetes" de Gordon Craig).
17 Processual enquanto uso de espaço, *enviromnent*. A cena se desenvolve em vários espaços (concretos e imaginários) com a platéia acompanhando os *performers* ao longo de todo o Museu.
18 Público cativo, pessoas voltando todos os dias – fotografando, filmando, tentando "levar" algo da imaterialidade mágica do espetáculo. Nessa época Gerald Thomas encenava *Eletra com Creta*, também uma narrativa derivativa com recepção intrigada da platéia. Trabalhos nessa mesma linha como os de Bob Wilson (*The Life and Times of Joseph Stalin*, 1973), ou Victor Garcia (*O Balcão*), foram vistos uma década antes em âmbito limitado dos festivais.

Magritte. O Espelho Vivo. Direção: Renato Cohen; *Performer*: Meire Nestor, MAC/SP, 1987. Foto: Vina Essinger.

Parte do material dessa pesquisa – os contornos entre o teatro e a *performance*, estudo da *Gesamtkunstwerk* (obra de arte total) – estabeleceu escopo para o trabalho da dissertação de mestrado, que foi, posteriormente, publicado com o título *Performance como Linguagem – Criação de um Tempo – Espaço de Experimentação* (Perspectiva/Edusp, 1988)[19].

A cena da *performance*, expressão que teve seu apogeu nos anos 70 e 80, permanece enquanto utopia, referência e baliza desses espetáculos[20].

No trabalho da dissertação foi marcante, num momento inicial, o contato com Luiz Roberto Galizia, que pesquisou e atuou com Bob Wilson e introduziu uma primeira faceação com a obra de Joseph Beuys, o percurso do Wooster Group, de Richard Foreman e outros expoentes da vanguarda cênica americana.

No contato com esse universo fica claro que o uso das repetições, dos discursos superpostos, das narrativas deslocadas, a atuação exacerbada, a incorporação da imagem, da mídia, as derivações no uso do espaço-tempo e relação com a platéia – comum a esses trabalhos – não são criações aleatórias e recebem leitura à luz da obra de Bergson, da relativística de Einstein, das análises da *Gestalt*, da teoria de desconstrução da linguagem operada pelos pós-estruturalistas.

Esse trabalho completa-se com a preciosa orientação de Jacó Guinsburg, que introduz outras frentes de referência estética e estabelece um viés lógico – pela via da análise comparada –, dando dimensão crítica a essas manifestações ainda carentes de sistematização.

O percurso seguinte (que passa a configurar o material objetual da pesquisa) é entremeado por um curso de vicissitudes[21], por amadurecimento e novas guias de trajetória[22] e por uma série de crises e redirecionamentos que marcam o cenário artístico contemporâneo: a nomeada "crise da modernidade"[23] em que se apontam, entre outras questões, problemas da diluição de conteúdos, da inelegibilidade

---

19 A Editora Perspectiva, sob a pauta de Jacó Guinsburg, tem ocupado lugar primordial na publicação de trabalhos de linguagem e investigação cênica, trazendo a público textos e ensaística raros sobre *avant-garde*, *performance* e seus desdobramentos contemporâneos.
20 Espetáculos limites e, ao mesmo tempo, transitórios: risco, radicalidade de gesto, independência de público e crítica são componentes dessa manifestação que teve seu apogeu na contracultura e permanece enquanto utopia de norteamento e de difícil reprodução.
21 Impedimentos, viagens, passagens de nascimento e morte de familiares e outros acontecimentos do curso humano. Hillman (*Psicologia Arquetípica*, 1988) coloca a metáfora da alma como guia nos *leitmotive*, da vida (num percurso, propositadamente, cerceado por repetições e vicissitudes).
22 Trabalhos de atenção de Gurdjieff, contato com taoísmo e budismo tibetano, práticas marciais.
23 Ver desenvolvimento no cap. 5.

do discurso – pelo excesso de fragmentação e uso ao paroxismo de formalismos sem conteúdos de sustentação.

Essa polêmica[24] sobre a "cena da modernidade" provoca um saudável repensar sobre certas tautologias cênicas, meramente estéticas e pretensiosas, e coloca, em contrapartida, um filisteísmo retrógrado contra todos os avanços da chamada "cena pós-moderna".

A evolução do teatro de Gerald Thomas (um dos mais atacados), a confirmação de trabalhos como os do Wooster Group e Richard Foreman, entre outros, a presença entre nós de Andrei Serban e do Fura dels Baus (com narrativas transversas, falas viscerais, onomatopaicas, discursos cifrados – grego/latim de Serban) consolidam essa "outra cena", que se aproxima do *Zeitgeist* contemporâneo.

Particularmente, meu percurso apontava para uma retomada de temas e "vibrações" do romantismo, por um lado, e pesquisa da simbólica do budismo por outro[25]. Essas "sínteses", bem como a continuidade no trabalho de cena (uso de minimalismo, uso de *mixed-media*) deram corpo à encenação de *Sturm und Drang (Tempestade e Ímpeto)*.

O aprofundamento no trabalho de linguagem define, também, o campo primeiro da pesquisa, assim como a delimitação do universo de contorno e recorte objetual: a cena contemporânea[26].

A partir desse delineamento configuram-se as direções que vão estabelecer o dialogismo do trabalho: de um lado o desenvolvimento de uma linguagem, de um sistema de operação – que estou nomeando como *work in process*[27], que dá corpo/estrutura ao trabalho de criação, encenação e que gera, enquanto modelo, outros mecanismos de recepção, estruturação e permeação com o fenômeno[28].

---

24 Uma ingênua pauta da *Folha de S. Paulo* (Ilustrada, mai. 1991) aponta a finitude da dramaturgia, como causa da crise e supremacia do "teatro de imagem". Dramaturgos respondem contra diretores: Eduardo Duó ("Golpe dos Diretores Termina com Volta aos Clássicos"): "Há uma debandada sintomática e oportuna [...] agora se desfazem dos festejados textos fragmentados e da aventura pós-moderna [...] só ficou faltando uma *mea culpa* de alguns diretores-autores..." O que se assiste, como conseqüência dessa polêmica, é uma seqüência de editais voltados à produção dramatúrgica e uma massiva reencenação de Shakespeare e Nelson Rodrigues, com precária contribuição ao *phatos* contemporâneo.
25 Numa trajetória de volta às fontes. Ver desenvolvimento no cap. 3.
26 Como desdobramento, procuro uma sistematização do trabalho de atuação, criação, recepção – dentro desse universo operativo – formulado através das oficinas *Aktion*.
27 Adoto essa terminologia oriunda da ciência e, nas artes, utilizada prioritariamente na literatura e nas artes plásticas. Autores como Heuvel (*Performing Drama/ Dramatizing Performance*, Michigan, The University of Michigan Press, 1991), abordando a cena contemporânea, fazem um recorte enquanto "teatro da Avant--Garde – anos 80/90" ou "cena pós-moderna". Optei por enfatizar a genealogia dessas criações apoiadas no processo, na permeação, no risco, no devir.
28 Recepção enquanto captação de fenômenos primeiros (emissões da vida, emissões culturais, artifícios). Essa abordagem é fenomenológica e interessa-nos o processo

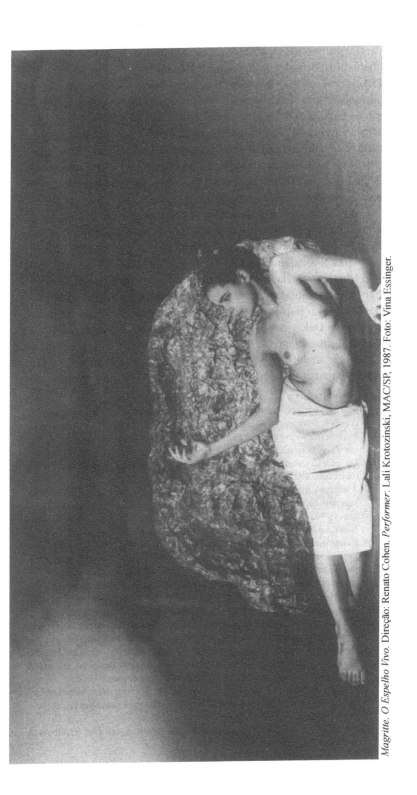

Magritte. O Espelho Vivo. Direção: Renato Cohen. *Performer:* Lali Krotozinski, MAC/SP, 1987. Foto: Vina Essinger.

De outro, nessa pesquisa, percorremos o *leitmotiv* do estranhamento partindo de um simples *Umheimlich*[29] em *O Espelho Vivo – Projeto Magritte* para, agora, confluir em significações mais profundas, na busca de sentidos ocultos, de desdobramentos, na incursão ao território do numinoso, das epifanias[30].

Configura-se, assim, uma segunda vertente do trabalho que, de certa forma, busca sentido, interioridade[31] nas linguagens consteladas.

O estudo tematiza a questão do "irracionalismo", operado através de processos subliminares de captação e formalização que constroem uma "cena de deslocamento"[32].

Estabelece-se, dessa forma, uma dialética que, de um lado, aproxima o recorte de objetos – pela linguagem, pelo aspecto formal – a trabalhos de encenadores contemporâneos como Robert Wilson, Richard Foreman, o Wooster Group, Mabou Mines[33].

Numa outra via, do sentido do *opus*[34], agrupam-se uma série de trabalhos e manifestações tão diversas como o teatro antropológico de Grotowski, Barba e Peter Brook[35], cenas expressionistas (a dança extática de Dalcroze e Mary Wigman), rituais étnicos, concretizações do butô, entre inúmeros exemplos.

Essa "dialética" – entre forma/linguagem e conteúdo – cria alguns paradoxos porque, na medida em que aproxima a pertinência

pelo qual a recepção/captação – pelo viés artístico, transverso – traduz-se em obra (ver desenvolvimento no cap. 2).

29 *Umheimlich*, o avesso, não-familiar. Tema do duplo desenvolvido por Freud no ensaio sobre o sinistro.
30 Epifania no sentido de revelação, momento em que um objeto desvela sua essência (tema surrealista).
31 A dialética apontada refere-se a uma operação de antinomias: corpo/alma, forma/sentido, construção/desconstrução. Isso pode ser configurado muito mais pela imagem taoísta (*ying-yang*) de opostos interiores do que pela clássica representação hegeliana (de direções divergentes que convergem na síntese).
32 Conforme mencionado, uma série de operações (criativas, captação) passam por processos de deslocamento (*Verschiebung*) condensação (*Verdichtung*) e outros mecanismos do inconsciente. A operação do *work in process* acontece em três níveis: do *logos*, da emoção/subjetividade e, num terceiro nível, do inconsciente (os primeiros trabalhos de Bob Wilson, certas ações da *performance* e outros inúmeros exemplos seguem o princípio surrealista do "fluxo automático").
33 E a trabalhos pertinentes como a *sound-poetry*, as operações de poesia concreta, o romance joyceano, as *Aktions* e *performances* gerativas de Joseph Beuys e Vito Acconci entre outros, a certas *assemblages* contemporâneas, ao cinema de alusões de Win Wenders e Peter Greeneway entre outros, e outras expressões articuladas num *work in progress*. Esse recorte exclui também enquanto material objetual o teatro de Antunes Filho, Gabriel Vilela e outros encenadores extremamente conectados com o contexto teatral (o uso de dramaturgia, narrativas aristotélicas, personagens construídos, relação clara palco-platéia).
34 Terminologia alquímica que aponta direção, objetivo, entorno, teleologia de processo.
35 Cada qual com sua especificidade (ver cap. 2).

da observação de trabalhos como *O Mahabharata*, de Peter Brook, de certas encenações do teatro antropológico (*A Conferência dos Pássaros*, dirigido por Jean Pierre Kaletrianos em 1992)[36] realizações de Grotowski, em contrapartida a afasta de obras muito mais próximas da linguagem operativa e da formulação contemporâneas[37].

Essas polaridades de linguagem/sentido[38] apontam para a busca de ambivalência, de uma cena contemporânea ao *Zeitgeist* da modernidade.

A cena que resulta desse dialogismo é propositadamente assimétrica, esquerda[39], estranha: a atuação maquínica (*O Espelho Vivo*, trabalhos de Richard Foreman), o texto autista (colaboração de Christopher Knowles a Bob Wilson), a dramaturgia apoiada no arcaísmo, cujo sentido é dado pelo sonorismo (grego e latim em Serban), as interpretações bizarras e próximas ao grotesco (cenas butô, masturbações abstratas em *The Crash and Flash Days*) e inúmeros outros exemplos.

Assimetrismo que percorre, pela exarcebação, a busca de um reequilíbrio, o resgate de uma ambivalência razão/desrazão, legitimando o campo da pulsionalidade, das irrupções do inconsciente (nas falas disformes, nos gestos avessos mas veristas), do território obscuro da subjetividade[40].

---

36 Trabalhos que utilizam formas convencionadas de narrativa, formalização rigorosa – prescindindo da preciosa ambigüidade ou paradoxismo necessário de interpretações às vezes próximas do naturalismo.
37 Trabalhos formalistas que caem em mero esteticismo, na armadilha da cena tautológica, da mera especulação mental ou de experimentações estéreis, de suporte.
38 Essa procura de supra-sentidos, da ambivalência, é uma escolha de meu percurso. Artistas contemporâneos buscam outros *leitmotive*: o parodismo, satirismo de Thomas; o foco na histeria e paranóia da linguagem em Foreman; o hipnotismo e o tom lúdico em Bob Wilson, entre outros exemplos.
39 Gillo Dorfles, em *Elogio da Desarmonia* (Lisboa, Edições 70, 1988), fala de espaços esquerdos, assimétricos, que privilegiam o *mythos*, as potências imaginárias em contraposição à organização logocêntrica habitual.
40 Aproximando-se, muitas vezes, do território do Self, da centralidade do indivíduo (conceito junguiano), *topos* este, que emana em contraposição ao ego objetivador. (ver Carlos Byngton, "A Ciência Simbólica, Epistemologia e Arquétipo", *Revista Junguiana*, 1987).

1. A Cena Contemporânea e o Work in Progress

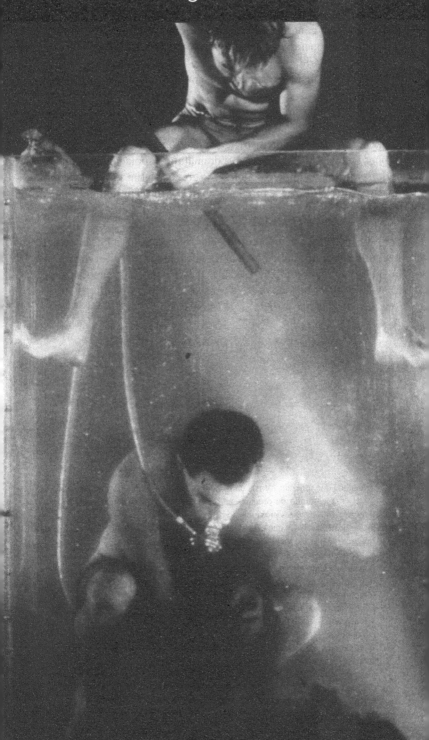

We were really getting the message of the media that society may be nothing but a scenery after all with total theatre at the living end [...]

HERBERT BLAU[1]

O primeiro objeto desse trabalho é estudar o procedimento *work in progress*, processo este que delineia uma linguagem com especificidades nos aspectos da recepção, criação e formalização.

A criação pelo *work in progress* opera-se através de redes de *leitmotive*, da superposição de estruturas, de procedimentos gerativos, da hibridização[2] de conteúdos, em que o processo, o risco, a permeação, o entremeio criador-obra, a iteratividade de construção e a possibilidade de incorporação de acontecimentos de percurso são as ontologias da linguagem.

O uso de linhas de força (*leitmotive* criativos, narrativas) de "irracionalidade"[3], a incorporação do acaso/sincronicidade, são operações

---

* Foto: *SUZ / O / SUZ*, La Fura dels Baus, São Paulo, 1990.
1 Tradução livre: "Estávamos realmente recebendo a mensagem da mídia, na qual a sociedade nada mais é do que um teatro total em operação [...]" ("The Remission of Play", Wisconsin, University of Wisconsin Press, pp. 161-188).
2 Essa operação não é uma simples *collage*: trata-se de uma recriação, da construção de um terceiro conteúdo a partir da convivência de dois diversos. Haroldo de Campos (em *Ideograma-Lógica, Poesia e Linguagem*, São Paulo, Cultrix/Edusp, 1977) fala em função ideogramática, nas recriações do *jaberworcky* (jaguadarte--palavra valise) de Lewis Carroll.
3 Apresentamos, preliminarmente, essa terminologia que, embora usual, não é a mais precisa, estabelecendo distinção com processos racionalistas de operação, dentro da logicidade cartesiana. Incluímos nesse campo tanto fluxos e processos primários (no sentido freudiano e também na signagem peirceana) de sensações, pulsões, extravasamentos, quanto uma área do pensar/sentir intuitivo, não lógico (ver desenvolvimento no cap. 4).

do *work in progress*, no qual o paralelismo entre o processo e o produto são matrizes constitutivas da linguagem[4].

A obra (vida-escritura *in process*) de James Joyce, a nova sintaxe cênica de Samuel Beckett, as *Aktions* processuais de Joseph Beuys, a gestualidade serialista das *actions paintings* , as danças transitórias[5] do butô, a narrativa-laboratório do Wooster Group são alguns exemplos dessa operação.

Entendendo o *work in progress* como mecanismo gestador de uma série de manifestações e expressões artísticas, procuramos contextualizar a operação dessa linguagem dentro do recorte da cena contemporânea[6].

Conceituamos cena, num primeiro momento, como campo de configuração[7], seja essa imagem-ação, a "cena da vida" (*life as context*)[8] – das ações cotidianas, das vicissitudes e *leitmotive* existenciais –, seja a cena artificializada, instituída – cena da cultura[9], da mídia, ou, num nível interior, a cena mental (*mind as context*), plano da consciência e dos influxos do imaginário[10].

Essa "cena da simultaneidade"[11] estabelece na consciência do receptor[12] uma confluência de influxos, emissões, representações que formam o nutrimento, enquanto corpo de imagens/sensações, que vão ser gestoras do *work in progress* criativo.

Heuvel[13] fala numa *contemporary consciousness*, *topos* em que se operam essas simultaneidades mediadas pelo formato de época: mensagem fragmentada e sintética, preponderância da imagem sobre o texto, hiperexposição do objeto[14], justaposição de conteúdos[15].

---

4 A teoria de "escultura social" de Joseph Beuys parte dos conceitos de obra enquanto processo, mutação, evolução.
5 Termo apresentado por Maura Baiocchi.
6 Poderíamos atribuir também a nomeação "cena da modernidade". Como historiamos no cap. 2, a operação *work in process* tem pertinência também com uma série de correntes artísticas predecessoras.
7 Partindo da noção kantiana de realidade enquanto recorte captado pela percepção do receptor e apreendida pelos mecanismos da consciência.
8 O projeto das vanguardas russas – particularmente de Evreinov – é o de legitimar a "cena da vida" enquanto contexto de operação da teatralidade.
9 Cena de um certo fazer artístico e uma certa cultura, capturada, contextualizada. A operação artística transversa procura subverter esses contextos.
10 Num nível mais sutil existe a captação/formalização de uma cena mítica, narrativa do desenho anímico (ver cap. 4).
11 Etimologicamente, contemporâneo dá uma medida de sincronia de tempo: con (tempo) râneo= sincrônico. (Titãs, *Tudo ao mesmo tempo agora*).
12 Estamos organizando o *work in process* a partir da consciência de um receptor, que se desdobra enquanto criador/encenador nos contextos de arte/vida.
13 Em *op. cit.*
14 O objeto da mídia, território do *fake*, da diluição, de simulacros e mitificações transitórias (ver cap. 5).
15 Equivalência de conteúdos diversos – assassinatos mediáticos, catástrofes, poéticas, cotidiano, produzindo uma "realidade" ficcional e recepções amortecidas.

Cena da mídia – "a cena prostituta", recorte de irrealidades concretas.

O projeto artístico, particularmente a corrente da *avant-garde* (futurismo, dadá, surrealismo), as expressões da contracultura (*happening*, *performance*) e, contemporaneamente, as operações do *work in process*[16], ocupam um *topos* ímpar, subversivos dessas contextualizações: das abstrações e políticas cubo-futuristas[17] à legitimação de uma "realidade do imaginário" – projeto surrealista, da estética da não arte[18], contracultural aos inúmeros atos, ações do *happening*, performances, operações estas que dessacralizam, por um lado, o espaço da arte (museus, teatros, curadorias) – território de uma certa cultura – e instauram, por outro, espaços auráticos a situações ordinárias, fetichizando a experiência cotidiana[19], dando um recorte sublime ao espaço/tempo diário[20].

Nesse quadro pretendemos analisar a operação do *work in progress* – enquanto linguagem – e as especificidades que esse procedimento gera nos aspectos da criação[21], recepção e formalização.

Estabelecemos nosso recorte dentro do universo teatral e parateatral[22], *topos* das artes de fronteira que aglutinam uma série de manifestações híbridas – performances, *body art*, cena multimídia, manifestações, instalações, dança-teatro – próprias dessa operação[23].

A característica ontológica do *work in progress* – processualidade pelo uso de trama de *leitmotiv*, rastros de passagem, vicissitudes – e a especificidade dessa operação criativa – hibridização, superposição de conteúdos – fazem com que o recorte do objeto aponte a observação para desde manifestações transitórias (cenas não configuradas,

---

16 Expressões que têm pertinência ideológica, estética com esses movimentos e que nomeamos como *topos* da cena transversa.
17 Criando "realidades" outras, instaurando uma *poiesis* vivificadora em detrimento de meras reproduções miméticas da realidade (ver cap. 2).
18 Allan Kaprow ("A Educação do A-artista", revista *Malasartes*, n. 3, 1976, pp. 34-36) um dos ideólogos do *happening*, fala em arte não profissional, arte não intencional (ver Renato Cohen, *Performance como Linguagem*, São Paulo, Edusp/Perspectiva, 1989).
19 Os *objets trouvés*, o *ready-made* duchampiano, o instante aleatório capturado em Cage e inúmeros outros exemplos.
20 Eliminando fronteiras entre os contextos vida/arte.
21 O modelo criativo ou o nível de consciência do operador vai estabelecer a recepção, configurada por transposições miméticas de fenômenos, por abstração ou simbolização de experiência (ver cap. 2).
22 Parateatral porque caminha paralelo ao universo do teatro, com manifestações cênicas acontecendo ao vivo, com textualização visual e verbal para o público, ampliando, ao mesmo tempo, o campo de especulação tanto temático quanto de formalização. Grotowski, no seu movimento de esvaziamento do teatro, em busca do movimento essencial, é um dos primeiros a utilizar essa terminologia no momento em que retira o público como assistência de seus trabalhos (descritos em Bruce Wilshire, "The Concept of the Paratheatrical", *The Drama Review* 34(4), 1990).
23 Independência dos valores da mídia, experimentações, não submissão ao público, produção independente de calendários e curadorias, trabalho de linguagem; características estas que dão florescência ao *work in progress*.

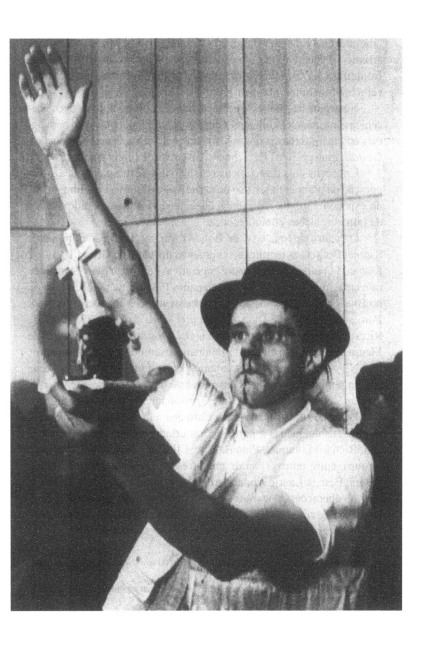

Joseph Beuys participa do festival de arte nova, Aix-la-Chapelle, 1964.

laboratórios, situações cotidianas), contextos ulteriores ao contexto artístico ("cena da vida", "cena da mídia"), até expressões híbridas, fronteiras (*performances*, manifestos, intervenções) e, finalmente, a cena teatral contemporânea.

Nesse quadro, interessa enquanto objeto a observação de operações cênicas consonantes com um *Zeitgeist* contemporâneo[24] e com paradigmas emergentes (teoria do caos, fractais, relativística, neurolinguística, *Gestalt*, transpessoal) da ciência e das áreas de linguagem.

Uma cena cuja característica é o não uso de dramaturgia, a incorporação de ocorrências, o uso de narrativas disjuntivas, a ambiguidade do espaço/tempo da representação, a apropriação do paradoxismo e de outras relações com a recepção.

O "teatro de imagens" de Bob Wilson, a construção minimal de Samuel Beckett, as narrativas simultâneas do teatro de Gerald Thomas e Richard Foreman, as *performances* gerativas de Joseph Beuys e todo um universo do qual podem ser mencionados Pina Bausch, Robert Lepage, no Brasil certos trabalhos de Bia Lessa, montagens emergentes como *A Bau a Qu*, de Enrique Diaz, *Viagem ao Centro da Terra (O Túnel)*, de Ricardo Karman e Otávio Donasci, *O Livro dos Mortos de Alice*, de Maura Baiocchi, são alguns dos inúmeros exemplos dessa construção[25].

No recorte de objetos estamos considerando enquanto cena contemporânea[26] expressões dos anos 80 e 90 e certas encenações, *performances* e expressões anteriores, ressonantes com essa construção.

Pelos exemplos citados, fica claro que o foco de interesse está em montagens emanadas a partir de um criador-encenador – Bob Wilson, Richard Foreman, Pina Bausch, Elizabeth La Compte (Wooster Group), entre outros – ou de criadores-*performers* – Vito Acconci, Joseph Beuys, Laurie Anderson.

As operações do *work in progress* não estão centradas em dramaturgia e a inserção de texto, quando se dá, ocorre através da presença de um *Dramaturg* – redator, escritor do processo[27]. A grande escritura

---

24 Uma das teses dessa pesquisa é que a "cena do *work in progress*" configura o *Zeitgeist* contemporâneo (ver cap. 5).
25 Encenações que têm em comum, além da forma contemporânea de formalização, o uso do *work in process* enquanto operação criativa.
26 Trabalhos de *scholars* americanos como os de Birringer (*Theater, Theory, Post-Modernism*, Bloomington, Indiana University Press, 1991) e Heuvel (*Performing Drama, Dramating Performance*, Michigan, The University of Michigan Press, 1991) têm também associado o termo teatro contemporâneo a um recorte semelhante ao meu e que inclui encenações de linguagem, artes de fronteira e artisticidade em outras mídias. Essa classificação estabelece uma distinção com as operações cênicas modernas, oriundas de dramaturgia – Brecht, Pirandello, Garcia Lorca, entre outros – geralmente agrupados sob o termo "teatro moderno".
27 O *Dramaturg*, um dramaturgo de processo, de incisões, muitas vezes tem função acessória ao encenador, não ocupando a centralidade do dramaturgo, ver Raimund Hoghe, *Bandoneon – Em que o Tango Pode Ser Bom para Tudo?*, São Paulo, Attar,

que se tece é a do texto espetacular, matriz de sonoridades, paisagens visuais, passagens e intensidades performatizadas.

Por último, interessa-nos examinar certas questões intrínsecas ao fazer artístico contemporâneo a partir de nossas duas frentes operativas – o *work in process* enquanto linguagem e o *mythos* enquanto preenchimento de significação.

Otávio Frias Filho, em seu artigo "Thomas Encontra a Esfinge da Narrativa"[28], coloca, a partir da recepção de *Unglauber*, da trilogia *B.E.S.T.A.* de Gerald Thomas (o mais emblemático encenador brasileiro em termos de materialização, em obra, desta trajetória), a questão do sentido ausente, como *modus operandi* dessa construção: "Um dos fundamentos da arte moderna é desmanchar o paralelismo entre sentido e representação".

A cena do *Zeitgeist* contemporâneo quer, antes de um mero "desmanche" dadaísta, a busca de parassentidos, de paralogismos, cumprindo o enunciado surrealista de suprarrealidades, procurando sentidos e significações que extrapolem a verossimilhança conhecida.

O silêncio, os ruídos e as varreduras do acontecimento presentes nas óperas de John Cage não são partituras nonsense, e sim focos no instante-presente e legitimação do "espaço de vida" enquanto objeto artístico.

Inúmeros outros exemplos e, particularmente, as textualizações-*storyboards* do *work in process* apontam para novas sintaxes cênicas que, antes de obliterar o sentido[29], buscam alcançar novas semânticas.

1989, que descreve a inter-relação do *dramaturg* no trabalho de Pina Bausch). Samuel Beckett e, contemporaneamente, Heiner Müller são duas exceções a essa regra, em que a textualidade desponta como força-motriz da criação-encenação.
28 *Folha de S. Paulo*, Caderno Mais!, 27.fev.1994.
29 Símbolo, função átima da significação, é etimologicamente nomeado em alemão como a união do sentido (*Sinn*) com a imagem, representação (*Bild*) (ver cap. 4).

2. Parateatralidade / Sincronias / A Via da Avant-Garde: Historicidade e Questões da Recepção

> *Quando, em 1913, em minha tentativa desesperada de livrar a arte do peso inútil do objeto, busquei refúgio na forma do quadrado e expus um quadro que não representava outra coisa senão um quadrado negro sobre fundo branco, a crítica o deplorou e como ela o público: estamos num deserto, diante de nós há um quadrado preto de fundo branco ... o quadrado que eu expus não era um quadrado vazio, mas a sensibilidade da ausência de objeto [...] Por suprematismo entendo a supremacia da pura sensibilidade na arte!*
>
> KASIMIR MALÉVITCH[1]

2.1. *ART IS FREE: LIFE IS PARALISED* – A VIA DAS VANGUARDAS

O paradoxo de Malévitch – buscar iconografias, representações, sem referencial primeiro – confirma, numa das passagens primordiais da a*vant-garde*, a instauração de uma cena da *poiesis* em contraposição à cena da *mimesis*.

Poiesis enquanto cena gerativa, primária, abstrata – com estatuto próprio enquanto "realidade" –, sem contraponto. *Mimesis* como cena reprodutiva, iconográfica, secundária a uma realidade primeira.

Seguindo o mote "Art is Free – Life is Paralised", o movimento cubofuturista, com seus posteriores desdobramentos no suprematismo e no construtivismo, impõe uma nova cena – da *poiesis* – disruptora,

---

* Foto: Larionov e Gontcharova no filme futurista russo *Drama no Cabaré n. 13*, 1913.
1 Diretrizes suprematistas: adaptado a partir de trechos do manifesto suprematista e da tradução de Júlio Plaza (*Tradução Intersemiótica*, São Paulo, Perspectiva, 1987) de *L'Art Abstrait*, de Kasimir Malévitch.

violadora da gramática e do léxico, visionária, de outras relações com o fenômeno.

Movimento este que resgata a arte pulsativa[2], o comportamento desregrado dos românticos e a total equiparação entre os estatutos da vida e da arte (levados às ultimas consequências por Vladimir Maiakóvski). A poética transgressiva de Khlébnikov – talvez um dos precursores do concretismo –, as aliterações e sonoridades buscadas por Krutchônikh, a música atonal de Matyuchin, a cenografia não mimética de Malévitch e, posteriormente, Popova, Rodshenko e, principalmente, as concretizações cênicas de Maiakóvski e de *Victory Over the Sun/ Vitória Sobre o Sol,* de Krutchônikh-Malévitch[3], indicam o novo caminho da cena da *poiesis*.

Esse universo da poética gerativa – próprio da cena contemporânea do *work in process* – tem outras formalizações importantes na cena dadá, nas deformações expressionistas (principalmente com Kokoshka) e no seu ponto culminante, o surrealismo[4].

Esse percurso se completa – no âmbito da contracultura – com as manifestações contemporâneas do *happening* e da *performance*, em que trabalhos como os de Allan Kaprow, Joseph Beuys, Chris Burden, entre outros, inseminam uma nova concretização cênica[5].

O transporte não mimético na cena da *poiesis* é obtido por três vias: na cena da abstração[6] – dimensionada de forma visionária no movimento suprematista; por via da deformação –, transporte distorcido da cena primeira[7] e pela via da recriação e instauração de uma

---

2 Uma criação sem intermediação preponderante do *logos*, ideia esta que vai inspirar, posteriormente, o "fluxo automático" dos surrealistas. Reni Chaves Cardoso (em conversação) enfatiza a oralidade da cultura russa e a tardia codificação linguística enquanto campo de gestação dessa poética transversa à gramática.

3 *Vitória Sobre o Sol* é o libreto que lança o movimento cubofuturista russo. Participam dessa construção os poetas *zaumnic*, Khlébnikov e Krutchônikh, o músico Matiuchin e o multiartista Kasimir Malévitch.

4 Nossa abordagem – da criação pelo *work in process* – não tem caráter diacrônico, historicista. A aproximação é basicamente sincrônica e destacamos um recorte de acontecimentos substanciais. Dessa forma, é também extremamente relevante – ao *work in process* – a produção artística oriental, apoiada no caligrama e no encontro de antinomias (ver Haroldo de Campos, *Ideograma – Lógica, Poesia, Linguagem*, São Paulo, Cultrix/Edusp, 1977). A produção surrealista tem destaque nesse recorte pelo seu aspecto utopista, transcendente (com aspiração à epifania), ao contrário da paródia dadá.

5 Uma cena primeira, plena de risco, imprevisibilidade, "desamarrada" dos axiomas teatrais da representação/convenção (ver Renato Cohen, *Performance como Linguagem*, Edusp/Perspectiva, 1989).

6 Buscando a pura sensibilidade, com influências (segundo Reni Cardoso) da filosofia esotérica de Blavatsky (teosofia) e Ouspenski, então à procura da quarta dimensão e da comunicação telepática.

7 Os personagens em *Vladimir Maiakóvsky – Uma Tragédia* são "homem sem uma perna", "mulher gigantesca", "mulher com uma lágrima".

poética própria. Krutchônikh e Khlébnikov, buscando a sonoridade, a aliteração do significante, a comunicação direta[8] apresentam o novo caminho poético, do léxico moderno.

O fragmento poético *Inmortalidade* (*Bezsmiertie*), de Alexei Krutchônikh[9], dá uma dimensão dessa criação:

BEZSMIERTIE INMORTALIDADE

M T Z E K H
K H I T Z I
M U K H
T Z L
L A M
M A
T Z K E

1917
Krutchônikh (Trad. Augusto de Campos)

O trecho que segue é o prólogo, criado por Khlébnikov, de *Victory Over the Sun* – *Vitória sobre o Sol*:

Victory Over the Sun (Prólogo)[10]

...People! Those who are born but have not yet died.
Hurry up into contemplation (m.) or contemplation (f.)
FUTURELANDMAN:
Contemplation (f.) will lead you
Contemplationness (m.) is strongleader,

8 Krutchônikh propõe um teatro transmental (o teatro *Zaum*).
9 Transcrevemos as observações do tradutor Augusto de Campos: "No original, Krutchônikh grafa idiossincraticamente a palavra BESMIÉRTIE (imortalidade) como BEZSMIÉRTIE, evidenciando nela a preposição BEZ (sem). Daí a grafia peculiar do título em português: IN + MORTALIDADE. A primeira linha do poema, de som estranho em russo, lembra certos nomes georgianos, como Mtzíri (asceta, ermitão, ou noviço), que é o título de um poema famoso de M. I. Lérmontov; *tzekh* significa oficina. Na terceira linha, MUKH é o genitivo plural de MUKHA (mosca). Na quinta, LAM, agregada à sílaba seguinte, MA, pode lembrar as palavras LAMPA (lâmpada) ou LAMA (lama, no sentido de sacerdote budista). (Em *Poesia Russa Contemporânea*.)
10 Traduções, do russo, de Ewa Bartos e Victoria Kirby. A marcação (m.–f.) refere-se ao desdobramento, na língua russa, aproveitados por Khlébnikov das formas de gênero masculino, feminino e neutro. Tradução livre (texto apresentado na montagem *Vitória Sobre o Sol*. Direção de Renato Cohen, Grupo Orlando Furioso,1996, Centro Cultural São Paulo): "Para aqueles que estão vivos e ainda não morreram / Alegrai-vos em contemplação / A contemplação vai levá-lo / Contemplação é uma forte guia / Can-tores, passan-tes, fala-dores / Uma fala irá chamá-los, passo celestial de algum lugarlugar. // Tempos passados te dirão quem você foi no passado / viven-tes que você é, seres que / poderia ter sido. Pouco-os amanhã e amanhã – vão te dizer o que você virá a ser / Nunca vai passar como um sonho tranquilo, os imaginadores vão te dizer com seu *sno / zno*. Contemplação é a língua, seja um ouvidor, grande contemplador e olhe em volta!"

...
Past-timers will tell you who you sometimes were in the past
Live-ers who you are, be-ers who you would have been.
Little-ers tomorrow (m.) – tomorrow (f.) will lead you who you are going to be.
Never will pass by like a quiet dream.
There will be sometimers and imaginators with them sno and zno
contemplation is stongleader

2.2. A VIA PARATEATRAL: RITUAIS, MANIFESTAÇÕES, PERFORMANCE

> Self is "selfing" a flowing
> Configuration of foreground and horizon,
> to borrow gestalt terminology
>
> Seeing without looking
> Not knowing is the
> prerequisite for knowing
> in another way
>
> Before consume gold
> must be purified
> and "streghtened" with mercury...
>
> JERZY GROTOWSKI[11]

Numa outra via, mais próxima à teatralização, configura-se o campo parateatral[12], universo este que engloba repertório do teatro antropológico, ritualização, *performance*, piscodrama e outras manifestações cênicas[13].

A experiência parateatral, no seu movimento de alargamento de fronteiras com o *topos* teatral – focando outras atuações, criações e contextos de representação –, estabelece o recorte da cena contemporânea do *work in process*: experiências de espaço-tempo, da relação com o público no campo parateatral, enquanto espaço de linguagem. Estas recuperam as proposições dos teatralistas Gordon Craig e Appia, a cena limite de Antonin Artaud são concretizadas por Grotowski (no âmbito do teatro antropológico), pela cena derrisória do Living Theatre e, pelas experiências do *happening/performance*.

---

11 Tradução livre: "Existir é estar existindo / Uma configuração flutuante, uma primeira vista, um horizonte, uma linha de fuga / para usar a terminologia *gestalt* / Vendo sem olhar / Não saber é o pré-requisito para se conhecer / de outra forma / Antes de ser consumido / o ouro deve ser purificado / e 'fortalecido' pelo mercúrio".

12 O termo "parateatral" é utilizado, preliminarmente, por Grotowski (ver Richard Mennen, "Grotowski's Paratheatrical Projects", *The Drama Review* 19(4), 1975).

13 Como universo parateatral classificamos manifestações que preenchem os axiomas teatrais (acontecimento, ao vivo, para público) e que não alcançam (campo para) todos os corolários da representação/convenção.

Mary Wigman, *Kreis-Dreieck-Chaos (Círculo-Triângulo-Caos)*, Dresden, Alemanha, 1920-1929.

Grotowski, na sua fase mais recente[14], propõe a eliminação da atuação cênica e, consequentemente, da presença do público:

We noted that when we eliminate certain blocks and obstacles what remains is what is most elementary and most simple – what exists between human beings when they have a certain confidence between each other and when they look for the understanding that goes beyond the understanding of words...
Precisely as that point one does not perform anymore...
[...] one day we found it necessary to eliminate the notion of theatre (an actor in front of a spectator) and what remained was a notion of meeting – not a daily meeting and not a meeting that took place by chance ... This kind of meeting cannot be realized in one evening...

Esse movimento, na busca de um "teatro do sagrado" – e, nesse sentido, parateatral, distante do teatral cotidiano –, relaciona-se com a ancestral formulação do *imitatio/creatio*[15] (outra nomeação para o contraponto *mimesis/poiesis*): estabelecendo um intrincado dialogismo, Grotowski busca no seu novo percurso conservar o aspecto sagrado da *mimesis* (*imitatio* enquanto desvelamento do divino, daquilo que já está revelado, no mundo natural) e, ao mesmo tempo, estabelecer a *creatio* produzindo uma cena viva sem a ritualização reiterativa ou de mera conotação folclorista.

Essa recuperação é dada por uma reevocação:

To re-evoke a very ancient form of art where ritual and artistic creation were seamless. Where poetry was song, song was incantation, movement was dance. Pre-differentiation Art, if you will, which was extremely powerful in the impact.
By touching that, without concern for its philosofical or theological motivation, each of us could find his connection[16].

---

14 Ver Zbigniew Osinski, "Grotowski Blazes the Trails – From Objective Drama to Ritual Arts", *The Drama Review*, 35(1), 1991.
   Tradução Livre: "Notamos que quando nós eliminamos certas estruturas e obstáculos o que permanece é aquilo que é mais elementar e simples – aquilo que existe entre os seres humanos quando eles têm uma atitude confiante entre si e quando procuram compreender o que está por trás do entendimento das palavras... Precisamente, nesse ponto, não se deve continuar atuando... Um dia nós achamos necessário eliminar a noção de teatro (um ator em frente ao espectador) e o que permaneceu foi uma noção de encontro – não o encontro cotidiano nem o encontro que se dá por acaso... Um encontro desse tipo não pode ter sua amplitude percebida numa noite..."
15 Legenda clássica da alquimia e cânone da Arte Antiga.
16 Em "Grotowski Blazes the Trails", *op. cit.* Tradução livre: "Reevocar uma forma ancestral de arte, na qual a criação artística e o ritual tinham o mesmo sentido./ Em que a poesia era canto, o canto era encantamento, o movimento era dança. Uma arte pré-diferenciada, se você desejar, que era extremamente poderosa no seu impacto./ No tocante a isto, sem entrar no conceito de suas motivações filosóficas ou teológicas, cada um de nós pode descobrir sua conexão".

O percurso de Grotowski, a exemplo de Peter Brook (teatro intercultural), de Eugenio Barba, de certas concretizações na arte-*performance* – as criações/mutações de Joseph Beuys de inspiração antroposófica – e de experiências limites do *happening* – em contexto próprio, distinto do teatral instituído –, reitera o percurso ontológico do rito cênico[17] na aproximação e representação da fenomenologia e do encantamento imanente, muitas vezes perdido e banalizado na cena cotidiana.

---

17 Paradoxalmente, por aspectos estruturais, a maior parte dessa concretização cênica, a exemplo de Grotowski, encontra-se no âmbito da parateatralidade.

Work in Process como Linguagem:
Considerações sobre Criação, Processos e Sintaxe Cênica

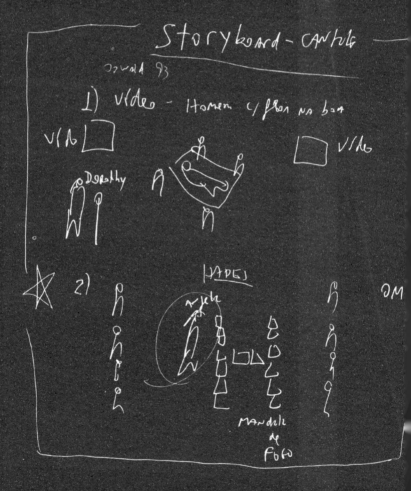

> *riverrun, past Eve and Adam's,*
> *from swerve of shore to bend*
> *of bay, bring us by a*
> *commodius vicus of recirculation*
> *back to Howth Castle and Environs...* [1]
>
> JAMES JOYCE, *Finnegans Wake*.

3.1. O PROCEDIMENTO *WORK IN PROCESS*: DEFINIÇÃO DE CAMPO

O procedimento criativo *work in process*[2] característico de uma série de expressões contemporâneas, enquanto processo gestador, delineia uma linguagem com especificidades na abordagem dos fenômenos e da representação, produzindo outras formas de recepção, criação e formalização. Apesar dessa fase processual existir também em outros procedimentos criativos, no campo em que estamos definindo como linguagem *work in process*, opera-se com maior número de variáveis abertas, partindo-se de um fluxo de associações, uma rede de interesses/sensações/sincronicidades para confluir, através do processo, em um roteiro / *storyboard*[3].

---

1 "Riocorrente, depois de Eva e Adão, do desvio da praia à dobra da baia, devolve-nos por um *commodius vicus* de recirculação de volta a Howth Castle Ecercanias" (tradução de Augusto de Campos, em Augusto de Campos e Haroldo de Campos, *Panaroma do Finnegans Wake*, São Paulo, Perspectiva, 1986, fragmento 1, p. 35).
2 Literalmente poderíamos traduzir por "trabalho em processo", procedimento este que tem por matriz a noção de processo, feitura, iteratividade, retroalimentação, distinguindo-se de outros procedimentos que partem de apreensões aprioristicas, de variáveis fechadas ou de sistemas não iterativos.
3 Procedimento diverso da maioria das encenações que partem de texto/autoria/mapa de personagens, para depois divergir na encenação. Uma montagem como *Sonhos*

O produto, na via do *work in process*, é inteiramente dependente do processo, sendo permeado pelo risco[4], pelas alternâncias dos criadores e atuantes e, sobretudo, pelas vicissitudes do percurso[5].

O conceito do *work in process* tem sido aplicado na ciência (em experimentos retroalimentantes), em procedimentos de linguagem e comunicação, em projeção de devires filosóficos e psicológicos e em outras disciplinas que incorporam em seus modelos a temporalidade e as ocorrências do processo.

No universo artístico o termo é originário das artes plásticas, em que práticas como a instantaneidade da *action painting*, as construções transitórias das *assemblages*, *collages* e *environments* de certos artistas, as experiências conceituais-limites de *performers* como Joseph Beuys, Vito Acconci e Gina Pane, que exacerbam o cambiamento de materiais e suportes – a alternância de contexto e de formas – e, sobretudo, o conceito de obra não acabada são paradigmáticas para a noção do *work in process*.

Joseph Beuys, com seus conceitos de "escultura viva" e "obra em criação/mutação", talvez tenha o percurso mais emblemático dentro dessa trajetória de criadores. Falando sobre a noção de substância, observa:

an object from the outer world, a solid material thing invested with energy of a spiritual nature. You could call this substance, and it is the transformation of substance that is my concern in art, rather than the traditional aesthetic understanding of beautiful appearances[6].

Na literatura, James Joyce, um dos fundantes da prosa/poética contemporânea, cria, com sua tessitura verbal, seus encadeamentos sígnicos, seu *corso-ricorso*[7], um *work in process* perene, no qual confluem existência/obra, ocorrência que se externa plenamente,

    de uma Noite de Verão (direção de Cacá Rosset, 1992) não configura um *work in process*, apesar de haver uma fase processual com escolha de alternativas (uso do *guignol* circense, não aproveitamento de anões, uso de sobreplanos de cenários etc.), por já partir de inúmeras condições previamente fechadas.

4 Risco físico e psíquico dos *performers* e criadores, e, sobretudo, risco do processo não confluir em produto final, e vivificar-se enquanto momento, matéria existencial dos participantes.

5 James Joyce abre o *Finnegans Wake* com seu *riverrun*/rio que corre para o mar celebrando a metáfora "Vida", em que o sujeito do *work in process* é a própria existência, que vai conformando-se através dos inúmeros *leitmotive*.

6 Tradução livre: "Um objeto do mundo externo, uma coisa material investida de energia de natureza espiritual. Você poderia chamar isto de substância, e é a transformação das substâncias que é o meu objeto em arte, mais do que a estética tradicional de observação das belas aparências" (em Caroline Tisdall, *Joseph Beuys*, New York, The Solomon Guggenhein Museum, s/d, p. 10).

7 *Corso-ricorso* como ideia de encadeamento, volteio, recorrência, círculo perpétuo, conceito atribuído a Giambattista Vico, citado na brilhante transleitura feita pelos irmãos Campos (*Panaroma, op. cit.*).

enquanto linguagem, nas suas obras-monumento *Ulisses* e *Finnegans Wake*.

O uso de narrativas superpostas, a exacerbação da *jabberwocky* (jaguadarte) de Carrol (palavras-imagens, palavras-valise, neologismos visuais), seus *leitmotive* anagramáticos estabelecem novo léxico do texto/imagem (*storyboard*) contemporâneo[8].

Principalmente ao sobrepor arqueologias míticas, genealógicas, com inserções de realidade, interregnos existenciais do cotidiano banal, Joyce captura o *élan-vital* com mágicas transposições das manifestações epifânicas[9]. Sua tessitura encadeia-se no plano dos palimpsestos, nos múltiplos níveis de narrativa.

No campo da cena, o procedimento *work in process* aparece, preliminarmente, em manifestações parateatrais, nos *happenings*, nas *performances*, nos rituais e acontecimentos.

A característica transversa[10], *underground*, desse universo, desvinculado, num primeiro momento, dos compromissos de recepção e dos valores da mídia e, ao mesmo tempo, a ocorrência de uma inclinação para a experimentação e as derivações de linguagem fizeram deste campo o *topos* genealógico para a criação em *work in process*.

Trabalhos como os do *performer* ítalo-americano Vito Acconci, que fez experiências de interação de campo, permeação de identidade e alteração de consciência[11]; *United States I-IV* de Laurie Anderson, cena multimídia sobre o cenário mental americano; e esculturas/processo/*performances* de Joseph Beuys são demonstrações operativas da linguagem *work in process*. Num segundo momento, o procedimento *work in process* é incorporado à cena contemporânea[12], produzindo uma nova encenação que resulta deste percurso/processo.

Encenadores diversos como Tadeusz Kantor, os americanos Robert Wilson e Richard Foreman, grupos como o Wooster Group,

---

8 Seu discípulo e sucessor, Samuel Beckett, traz para a cena essa "nova linguagem", cuja recepção foi reduzida pelo jargão "teatro de absurdo". Antes disso, sua criação é um desenho dos movimentos sub-reptícios da existência.
9 Epifania como rasgo de numinosidade.
10 Cena transversa como *topos* distinto, subterrâneo à cena teatral instituída. No capítulo 5 desenvolvemos esta questão a partir do ponto de vista da encenação. Richard Demarcy, em "Elements d'une Sociologie du Spectacle" (*Semiologia do Teatro*, São Paulo, Perspectiva, 1970), utiliza o termo "leitura transversal" no sentido da recepção e não da encenação.
11 No trabalho *Following Piece*, Vito Acconci segue, sem ser notado, um transeunte, aleatório, penetrando nos contextos de seu cotidiano íntimo, alterando, com isto, seu próprio campo de forças. Este trabalho, a exemplo de outros, desenrola-se, enquanto processo, ao longo de vários meses. Descrito em Mario Diacono, *Vito Acconci: Dal Testo-Azione Al Corpo Come Testo*, New York/Milano, Out of London Press, 1975.
12 Pode-se falar numa confluência entre os campos parateatral da cena contemporânea e das artes de fronteira (teatro/dança, *performance*, ópera, cena multimídia).

Ping Chong e o Mabou Mines, de Nova York, criadores de linguagens de trânsito como Yvonne Rainier, Pina Bausch e Meredith Monk, utilizam-se, cada qual a seu modo, desse procedimento.

No Brasil, o trabalho de Gerald Thomas[13] é a demonstração mais clara de um *work in process* em operação, sequenciando-se através de seus vários espetáculos. Esse dispositivo gerador também é operado por Bia Lessa, Enrique Diaz, Livio Tragtemberg, Maura Baiocchi, entre inúmeros criadores.

3.2. MUDANÇA DE PARADIGMAS: *WORK IN PROCESS* E A CENA CONTEMPORÂNEA

> our feeling for beauty is inspired
> by the harmonious arrangement of
> order and disorder as it occurs in
> natural objects – in clouds, trees,
> mountain ranges, or snow crystals.
> The shape of all these are
> dynamical processes jelled into
> physical forms, and particular
> combinations of order and
> disorder are typical for them[14].
>
> GERT EILENBERGER, *Super Conductivity Physicist.*

O procedimento *work in process* está associado a paradigmas[15] emergentes da ciência e do campo de linguagem, e se, por um lado, desconstrói sistemas clássicos de narrativa (construção aristotélica, uso de trama, dramaturgia, personagens, desenlace, causalidades), está, de outro modo, norteado por estruturas de organização (uso de *leitmotive*, sincronicidades, aleatoriedade, linguagens "irracionais" e outros procedimentos nomeáveis).

Conceitualmente a expressão *work in process* carrega a noção de trabalho e de processo:

• Como trabalho, tanto no termo original quanto na tradução acumulam-se dois momentos: um, de obra acabada, como resultado, produto; e, outro, do percurso, processo, obra em feitura.

---

13 Principalmente a última sequência de trabalhos que incluiu *M.O.R.T.E.* (1991), *The Flash and Crash Days* (1992) e *O Império das Meias Verdades* (1993).

14 Tradução livre: "Nosso sentimento de belo é inspirado pela harmoniosa organização de ordem e desordem vista nos objetos naturais – nas nuvens, árvores, cadeias de montanhas ou cristais de neve. A configuração de tudo isto são processos dinâmicos, cristalizados em formas físicas, em que são típicas as combinações particulares de ordem e desordem" (citado em Michael Heuvel, *Performance Drama/Dramatizing Performance*, Michigan, The University of Michigan Press, 1991, p. 97).

15 Paradigma no sentido estabelecido por Thomas Kuhn em *A Estrutura das Revoluções Científicas* (São Paulo, Perspectiva, 1976).

. Como processo[16] implica iteratividade, permeação; risco, este último próprio de o processo não se fechar enquanto produto final[17].

Estabelece-se, portanto, uma linguagem que se concretiza enquanto percurso/processo e, enquanto produto, obra gestada nesta trajetória.

Se, por um lado, o termo *work in process* é associado a uma noção de obra inacabada[18], aberta, por outro, estabelece, em relação ao conceito de obra aberta (Umberto Eco), corrente até os anos 70, uma clara ampliação de horizonte, investindo-se principalmente na ideia de dinamicidade de sistema[19].

O termo *work in progress* tem aparecido com frequência na fala de artistas, e também na literatura, muitas vezes como sinônimo de *process*. Dentro desse conceito também está embutida a noção de obra em feitura, de risco, de projeção ao longo do tempo/espaço[20].

Como estamos enfatizando a noção de processo, com todas as implicações dessa terminologia, optamos por utilizar essa nomenclatura acrescendo, em alguns momentos, as conotações positivas do termo *progress*.

Em relação à cena processual, os novos paradigmas científicos propõem outro olhar nas relações entre objeto e representação, redimensionando a importância dessa construção: a sucessão de novos paradigmas[21] do século XX, que vão de revoluções na ciência – o salto da relativística, as contribuições a partir da teoria da incerteza de Heisenberg e, mais recentemente, a formulação da física quântica –, na área de psicologia/linguagem/filosofia – da descoberta do inconsciente às revoluções da

---

16 Conceito ligado à filosofia estética hegeliana e suas noções de ciclo, progressão e reversão.
17 Gerald Thomas, comentando seu processo de criação, coloca: "assim é o *work in progress*... a cada espetáculo as modificações são profundas até que se ache uma forma definitiva para cada afirmativa da peça [...] geralmente nesse ponto é hora de se despedir do espetáculo e começar a especulação toda novamente... ou não se acha nunca, que foi o caso do famigerado *Saints and Clowns*..." (no programa de *O Império das Meias Verdades*).
18 Conotação imprecisa porque, como procuramos demonstrar, o percurso, *per si,* já é parte da obra e também o procedimento caminha para um produto final.
19 Como coloca Jacó Guinsburg, o conceito de obra aberta está intrinsecamente relacionado a questões de recepção da cena, alargando possibilidades em relação a criações de leitura muito linear. Porém, este conceito carrega uma noção estática, de obra já concluída. O conceito *work in process* acrescenta a variação do percurso dinâmico, iterativo entre criação, processo e formalização.
20 O termo cria um campo conotativo da ideia de progressão; porém, uma ambiguidade se estabelece se esta progressão é valorativa, ascensional, teleológica ou, simplesmente, uma progressão na linha do tempo, seja ela ascensional, descendente ou equilibrada.
21 O próprio conceito de paradigma, associado à noção de hierarquia, de axioma--guia preponderante, com o esgotamento dos modelos unicistas (ver adiante), está abalado. É interessante pensarmos em linhas de equivalências, paratáxicas (Roman Jakobson).

transpessoal até às recentes organizações neurolinguísticas, aponta novos olhares para a captação do fenômeno e apreensão da realidade.

No universo artístico, a revolução da *avant-garde* caminha pareada com as novas descobertas, o fluxo automático dos surrealistas, o *noveau-roman* com o discurso sombreado, interdito, permeado por fluxos de consciência e afloramentos do inconsciente[22], a *ocurrence art*, incorporando acaso e indeterminação, sendo exemplos dessa reverberação. Na cena contemporânea, os procedimentos que operam com o uso da relativística, de narrativas superpostas e simultâneas, a incorporação de texto/imagens e signagem subliminar, a possibilidade de legibilidade do fragmento[23] estão consonantes com os encadeamentos mentais de nossa época e com aquilo que Beckett nomeia como uma nova consciência contemporânea[24]. Estamos diante de uma nova epistemia, em que "harmonia, balanço e proporção dão lugar a desarmonia e narrativas sem significado fechado"[25].

Esse salto, que rompe paradigmas que remontam a Platão e Aristóteles, estabelece uma segunda revolução na modernidade ou, segundo alguns autores, a passagem do moderno para o pós-moderno[26].

Gadamer fala em "modelos fracos", localizados, com resolução para fenômenos particularizados (tanto sociais, quanto físicos), apontando o fim de construções unicistas (estruturalismo, marxismo, física gravitacional e quântica).

Baudrillard (*Simulacres et Simulation*), Maffesoli, Derrida e outros filósofos da escola francesa pós-estruturalista[27], na égide da "Diferença e Repetição", falam, cada um em sua disciplina, dessa "queda" dos modelos generalizantes e das novas soluções operativas a partir desse

---

22 Freud (*A Interpretação dos Sonhos* em *Obras Completas*, Rio de Janeiro, Imago, 1976), com sua descrição de procedimentos do inconsciente – *Verdichtung* (condensação), *Verschiebung* (deslocamento), entre outros – continua sendo referência recorrente às revoluções da linguagem.

23 "Fragments have a special value today, because all the coherent stories we used to tell ourselves to make sense of life have collapsed" (Heiner Müller, em Heuvel, *op. cit.*). Tradução livre: "Fragmentos hoje tem um valor especial, porque todas as histórias coerentes que costumávamos contar para dar sentido à vida entraram em colapso".

24 *Contemporary consciousness*. Beckett coloca também a seguinte meta em sua obra: "recognition of the disorderliness, indeterminacy and processual nature of the universe" em *Performing Drama*. Tradução livre: "reconhecimento da desordem, indeterminação e natureza processual do universo". Heuvel (*op. cit.*), em sua brilhante análise, fala de uma *fractal culture*.

25 Tradução livre a partir de Heuvel, *op. cit.*

26 Autores como Maffesoli, Suzi Gablik e a escola francesa apontam essa ruptura em relação a axiomas modernistas. Habermas ("Modernidade versus Pós-Modernidade", *Arte em Revista*, n. 7, 1983) e Jameson ("Postmodernism and Consumer Society", *The Anti-Aesthetic*, Washington, Bay Press, 1982), de linha marxista, são céticos com essa passagem.

27 Win Mertens (*American Minimal Music*, London, Kahn Averill, 1983) fala numa "filosofia libidinal".

trânsito fremente de vetores pulsionais, desse *topos* "pluralético"[28] e das "*irrupções chocantes da realidade*"[29]. Contempla-se o múltiplo, a rede, o ponto de vista cubista em detrimento da linearidade.

Nesse universo, caracterizado por narrativas simultâneas, pela inserção do elemento caos, da relativística e uso de recorrências, torna-se referência primordial, além dos citados paradigmas científicos, a obra em colaboração de Deleuze e Guattari[30], que em sua "esquizoanálise" estabelecem linguagem de norteamento dentro dessa reterritorilização de conceitos, narrativas e devires.

Conceitos como os de "território", "agenciamento", "devir", "singularidade", "máquina", "fluxos", "rizoma" – todos eles dentro da gramática deleuzo-guattariana e que têm em comum a noção de dinâmica, processo, reocupação de espaço físico, imaginário, mental – dão contingência e abrangência teórica aos novos modelos e, particularmente, ao modo de operar do *work in process*. Explicitam, também, outros modos narrativos que operam redes, fluxos pulsionais e sequências não causais.

Nessa revolução imperativa da linguagem[31], buscam-se narrativas que deem conta deste *Zeitgeist*, permeando novas leituras do fenômeno e sobretudo outra postura de criadores, atuantes e receptores.

Trabalhos que vão desde a escritura disjuntiva de Samuel Beckett até as poéticas minimais subliminares de Robert Wilson; construções polissêmicas como as do Wooster Group e do encenador Richard Foreman são exemplos dessa aplicação.

A inserção do elemento caos na cena contemporânea elege o campo "irracionalista" como campo de tráfego desses procedimentos que operam narrativas subliminares e outros níveis de captação da realidade.

O território "irracionalista", normalmente associado a esquerdas, assimetrias, loucura, estabelece um campo antípoda ao *topos* logocêntrico[32].

Utilizo essa terminologia para estabelecer uma distinção de processos racionalistas de concepção que operam numa logicidade cartesiana/mecanicista[33]. Como campo "irracionalista" estamos

---

28 Os novos paradigmas, com a consequente revolução de linguagem, estabelecem um caminho de superação à dialética hegeliana. Não dá para pensar em apenas dois vetores, opostos, e sim numa multiplicidade de fatores contigenciais.

29 Michel Maffesoli (*A Conquista do Presente*, Rio de Janeiro, Graal, 1985) fala que a realidade é a mais flagrante dilapidadora de modelos superados.

30 *Capitalisme et Schizophrénie: L'anti-oedipe*.

31 Marshall Berman (*Tudo que é Sólido Desmancha no Ar*, São Paulo, Cia. das Letras, 1987) fala do caráter avassalador e implacável das revoluções da modernidade.

32 Gillo Dorfles, em *Elogio da Desarmonia* (Lisboa, Edições 70, 1986), fala em espaços assimétricos que privilegiam o *mythos*, território das potências imaginárias.

33 Esse outro processo no campo cênico ocorre em todos os trabalhos que partem de uma escolha apriorística de dramaturgia; posterior "trabalho de mesa" de desdobramento e compreensão do texto e construção dos personagens.

incluindo tanto fluxos e processos primários (no sentido freudiano e também na linguagem peirceana) de sensações, pulsões, extravasamentos quanto um espaço-tempo de pensar/sentir intuitivo, não lógico, mas ao mesmo tempo sincrônico com o universo, numa qualidade que as tradições designam como acima do mental ordinário (na tradição do budismo tibetano, estado que se traduz como *Shuniata*, da mente desperta).

Nesse território "irracionalista", que possibilita outro nível de mergulho no universo anímico e olhares renovados da realidade, é frequente a recorrência a guias e a "transmutadores" de linguagem:

• Bob Wilson penetra em mundos de cognições alteradas, trabalhando em colaboração com o autista Christopher Knowles e com surdos-mudos em *Deafman Glance* (1971).

• Robert Longo (artista plástico e *performer*) utiliza-se de sua dislexia para perpetrar outras representações.

• Joseph Beuys, chamado de xamã das artes, volta de sua viagem transitória pelo espaço da morte[34] com outro nível de consciência.

• O uso de hipnose em filmes de Werner Herzog, as experiências lisérgicas do Living Theatre e do Oficina, as experiências parateatrais de Grotowski, incluindo guias haitianos de vodu, são outros exemplos dessa participação[35].

Nesse abandono tardio do cartesianismo, o Ocidente tem uma via de nutrimento nas práticas do Oriente, que, por tradição, lidam com a noção de paradoxos e operam um pensar/devir sincrônico, muito mais apropriado às novas realidades – da simultaneidade e multiplicidade de eventos – do que o olhar diacrônico ocidental.

Os *koans nonsense* zen-budista (nem todo paradoxo é para ser resolvido), o conceito hinduísta/budista de *maya/lilla*[36], a noção de transitoriedade, impermanência, a escritura ideogramática (concentrada, icônica, sintética) são exemplos de ferramentas ancestrais do Leste, que agora permeiam os novos modelos contemporâneos[37].

---

34 Beuys, enquanto piloto do exército nazista, teve seu avião abatido na Rússia oriental, estando entre a vida e a morte por vários dias, sendo salvo pelos tártaros (descrito em Caroline Tisdall, *Joseph Beuys, op. cit.*).

35 No cap. 4, aprofundamos a questão e debatemos os conceitos e possibilidades da arte bruta (Thévoz) e arte do inconsciente (Nise da Silveira). No meu trabalho prático tenho contado com a colaboração da artista sensitiva e visionária Cecília Flosi, tradutora de estados singulares de consciência.

36 As manifestações fenomenais são encobertas pela cortina de *maya*, que dá um caráter de irrealidade, de ilusão. *Lilla* se reporta ao jogo da vida, troca de máscaras, papéis, situações ("teatro da vida").

37 Desde a colaboração de John Cage com Suzuki (introdutor do zen na América), nos anos 40, introduzindo a arte paradoxal, gerativa (*ocurrence art*), passando pelas *action-painting* de Pollock, influenciadas pelo caligrama ideogramático, até montagens contemporâneas com incorporações do sufismo, do desequilíbrio da prática guerreira dos *shaktria*, das transitoriedades taoístas e inúmeros outros exemplos.

A figura do Shiva dançante, divindade da criação e da destruição, é emblemática do estado caótico e transitório das partículas[38].

3.3. PROCEDIMENTOS *WORK IN PROCESS: LEITMOTIV* E CONSTRUÇÃO PELO *ENVIRONMENT*

O trabalho do *work in process* implica, em relação a outros procedimentos, um aumento de graus de liberdade e incremento do nível de entropia.

É próprio dos modelos caóticos a observação de dois momentos: um, primeiro, entrópico, e, um segundo, tendendo à organização ou, pelo menos, à compreensão do modo de entropia.

A teoria do caos, apesar do termo ser associado a situações derrisórias, irreversíveis, é, ao contrário, uma procura de ordem – na busca através de modelos heurísticos, probabilísticos, da predição, inferição de fenômenos não repetitivos, imprevisíveis[39].

Na cena, essa metáfora do caos está relacionada a modelos dinâmicos de criação/textualização[40], que implicam mutações /transições e pareamento de uma diversidade de variáveis (autoria, laboratórios, hibridização de fontes, recepção, recorrências).

A operação *work in process*, em sistemas entrópicos, está norteada por algumas âncoras: uma das primeiras referências no procedimento é o uso da organização por *leitmotiv*.

O termo *leitmotiv* é originário da música e literatura: uma primeira tradução possível seria vetor, dando conta dos diversos impulsos e tracejamentos que compõem a narrativa[41].

Adotaremos a tradução "linha de força"[42], que acrescenta à ideia vetorial um sentido de fisicalidade, próprio da teatralidade, em que a ação dos *performers* em laboratórios/cenas interfere na construção do *storyboard*.

A utilização de *leitmotiv*, como estruturação, permite operar com redes, simultaneidades e o *puzzle* em que está se tecendo o roteiro/ *storyboard* : os *leitmotive* encadeiam confluências de significados, tanto manifestas quanto subliminares, compondo, através de seu desenho,

---

38 Fritjof Capra (*Sabedoria Incomum*) compara a metáfora shivaísta de morte e vida ao decaimento das partículas atômicas.
39 James Gleick, em *Chaos: Making a New Science* (New York, Penguin Books, 1988) fala dos padrões desse novo modelo e seus campos de aplicação.
40 Em terminologia nietzschiana, poder-se-ia falar num primeiro instante dionisíaco, convergindo para o apolíneo (em termos da criação, não da atuação).
41 Temas recorrentes, que percorrem toda a narrativa.
42 Todo o trabalho inicial do *performer* Vito Acconci baseia-se na teoria de campo de força de Goffman/Lewin.

a partitura do espetáculo[43]. Muitas vezes, na recepção, os *leitmotive* operam tensões conflitantes que criam uma dialética dos sentidos.

A rede de *leitmotive* é dinâmica e muitas vezes não totalmente consciente para o criador/guia/operador: o sistema lida com transições, mutações e índices de passagem[44].

Joyce, em *Ulisses*, apresenta guia para abertura de sua mandala criativa, para a recepção e, provavelmente, sua própria construção:

Parte	Episódio	Cena	Hora	Arte	Símbolo	Técnica
I. Telemaquia	1. Telêmaco	A torre	8	Teologia	Herdeiro	Narrativa
	3. Proteu	A praia	11	Filologia	Maré	Monólogo
II. Odisseia	5. Lotófagos	O banho	10	Botânica	Eucaristia	Narcisismo
	6. Hades	O cemitério	11	Religião	Zelador	Incubismo
III. Nostos	18. Penélope	A cama	2		Terra	Monólogo

A imagem da mandala, labiríntica, infestada de significações não desveladas, é própria para a visualização da rede de *leitmotive*.

Uma segunda âncora para o procedimento *work in process* é a organização pelo *environment* /espacialização: a organização espacial por territórios literais e imaginários substitui a organização tradicional – de narrativas temporais e causalidades. Opera-se, dessa forma, o paradigma contemporâneo de substituir o tempo pelo espaço como dimensão encadeadora.

Com privilégio da sincronia, em detrimento da tradição diacrônica, há o deslocamento da organização logotemporal para a construção mitológica, espacial[45].

Nessa cena processual[46], minimalista, são utilizados processos gestálticos (fechamento pela imagem, superposição de cenas/efeitos, figura-fundo e figura-frente) com introdução de cognições subliminares[47].

---

43 Alguns *leitmotive* de condução em *Tempestade e Ímpeto* foram: o ânima feminino (*alma mater*), as transmutações homem/matéria/espírito, a *hybris* telúrica.

44 "O processo criativo no *work in process* é angustiante, principalmente para a equipe de *performers* que acompanha o diretor/criador, comparando-se o processo à travessia de um túnel: 'há anos vejo indo para o hotel de cara amarrotada de ansiedade ... – me ajuda a achar [...] algum [...] fio condutor – [...] não é Deus que vai ajudar. São eles mesmos. Mas só quando houver uma espécie de reprocessamento de dados na arte de ser ator: quando matarem a representação e adotarem a interpretação...'" (Gerald Thomas, programa de *O Império das Meias Verdades*).

45 Um espaço-tempo bergsoniano do instante não acumulativo. Mitológico, porque se estabelecem constelações de significações sincrônicas.

46 A montagem de *Tempestade e Ímpeto*, a exemplo de *Magritte – O Espelho Vivo* (1987), de minha direção, desenrola-se ao longo de vários espaços, com o público seguindo a cena. Como encenação, essas montagens, no Brasil, foram pioneiras na utilização dessa condução, retomando experiências realizadas nos anos 60 e 70 como *O Balcão*, de Victor Garcia (Festival Ruth Escobar). Utilizo o termo processual em relação ao avanço no espaço físico e de significações.

47 Processos semelhantes são usados nas práticas meditativas (mantras e técnicas de atenção).

No processo criativo, a organização pelo *environment* consiste na espacialização de conceitos, *leitmotive* e cenas: como se pode observar no *storyboard* de *Tempestade e Ímpeto* (anexo 3), nomeamos espaços imaginários (*Human Consciousness, Encantata, Utopia*) que aglutinam cenas/ideias que se desenrolam em espaços físicos distintos (no Parque Modernista: caminho Pátio-Galpão, Bosque, Piscina).

O uso de signagem como referência (discurso da *mise-en-scène*) é outra característica do procedimento *work in progress*.

Recorrendo a uma signagem que tem dimensão literal, simbólica e mitológica, a cena persegue uma imagem/texto sintética, emocional, conotativa, próxima do conceito de *gestus* brechtiniano ou do signo/dança, mãe do teatro, imaginado por Artaud.

Privilegia-se a encenação – o texto cênico – em detrimento da dramaturgia, com o texto literário passando a ocupar hierarquia subliminar.

Esse apoio na signagem[48], sintética, transitória – formalizado com maestria por Robert Wilson, Gerald Thomas e outros criadores –, é consonante com o procedimento *work in process* dinâmico, caótico e antagônico às transposições dramaturgia/cena, sistematizadas e exacerbadas no naturalismo.

3.4. CONSTRUÇÃO DE *STORYBOARD*: TEXTUALIZAÇÃO /PROCESSOS / SIGNAGEM

No procedimento *work in process* o texto/imagem (*storyboard*) vai ser composto a partir de emissões de vida, primeiridades, laboratórios, adaptação de textos, sinais e outras emissões que vão formar uma textualização viva[49].

Essa tessitura desenrola-se ao longo da criação e da encenação com sucessivas mutações: é próprio do modelo *work in process*, de natureza gerativa, evitar a cristalização[50].

---

48 Signo complexo imbuído de primeiridade (indicial), de iconicidade (cênica) e de interpretantes (terceiridade peirceana). Signagem com referência significante e sensitiva com o fenômeno (modelo da linguística e estruturalismo).

49 Esta é uma questão central do *happening/performance*, que cria, enquanto linguagem, uma série de situações – de risco, repetição, estranhamento, para subverter o congelamento e a representação.

50 É importante destacar que o citado processo é muito distinto da "colagem", que é uma construção de menor potência. Se na colagem teatral agrupam-se cenas por associação temática, imagética e até por número de personagens, na hibridização busca-se o unívoco nas diferenças, cadeias de significações de um mesmo enunciado ou digladiações de opostos pertinentes (por exemplo, em *Sturm und Drang*, aproximações entre o espírito tempestuoso romântico e práticas shivaístas e o ritual *kapálica* budista).

Como referência a essa construção, o trabalho de Joyce, na literatura, orquestrado de uma nova textualidade com hierarquias sobrepostas de narrativas (mítica, cotidiana, episódica), é paradigmático.

Experiências da *sound-poetry*, a partitura-texto repleta de vacuidades e ruídos de John Cage, as manifestações plástico-fônicas da *performance* (cacofonias de Meredith Monk, não texto de Allan Kaprow) são também referências dessa textualização. Alguns procedimentos são característicos do texto em processo:

Hibridização/inseminação/desconstrução – Procedimento que indica a reconstrução de textos, citações, fragmentos, narrativas, estabelecendo hierarquias, redes de significações com vários planos de leitura (literal, mítica, simbólica).

No processo de hibridização/ressignificação, trabalha-se alteração, deslocamento, fusão de textualidades[51], numa operação que envolve dois momentos: um dionisíaco, de fluxo, corrente, caminho do inconsciente; e outro, apolíneo, criterioso, artesiano, de lapidação, escolha[52].

Nessa "hibridização cênica" busca-se contexto/significação dos universos cruzados: em *Sturm und Drang* fizemos fusões entre a persona/personagem "Baal" (Brecht) e a figura mítica do deus-entidade Shiva[53].

O trabalho de construção do texto processual (da linguagem *work in process*) opera dentro de matrizes que visam a pluralidade, instantaneidade, sincronia.

A substituição da narrativa clássica – causal, diacrônica – desloca a organização temporal para uma organização espacial. A sincronia cria um sentido de atemporalidade que remete a todos os tempos, obra aberta, universal[54].

Na utilização de sincronias, narrativas superpostas, hierarquizadas, repetitivas, a linguagem *work in process* tem no minimalismo uma expressão consonante de suporte.

A técnica minimalista (repetitiva, serialista) originária do Oriente (linguagem ideogramática, sintética), tendo sido difundida através da música (La Monte Young, Steve Reich, Philip Glass, entre outros), alcançou posteriormente as artes plásticas (obra conceitual, metonímica) e, a seguir, o universo cênico (composições de Bob Wilson, texto de Beckett).

---

51 Cada metáfora em Joyce é esculpida, retrabalhada, visando a sonoridade e o estranhamento necessários.
52 Na seção 3.5.6 apresentamos, em detalhe, a utilização desses procedimentos em *Sturm und Drang*.
53 Beckett, em suas montagens, utiliza-se de cenários não referenciais e uma organização espacial que remete a esse *momentum*, presente alongado, eternizado (citado em Heuvel, *Performing Drama, op. cit.*).
54 Beckett fala de uma consciência esquizóide, autista (em Heuvel, *op. cit.*).

Trabalhando-se gestaltes superpostas, fechamento pela imagem, superposição de cenas-efeito, figura-fundo e figura-frente, com introdução de cognições subliminares, a montagem minimalista cria uma cena plural, e também "esquizóide", que aproxima-se daquilo que se nomeou "contemporary consciousness".

Samuel Beckett, criador primeiro do texto-cena minimal, processual e, ao mesmo tempo, fragmentado, disjuntivo, fala dessa nova consciência e de sua meta:

rejecting entirely bourgeois theater with its cartesian psychological frames and quantified sense of time, space and perspective as well as its dependence on causality...[55]

Nessa cena, que busca, desesperadamente transcendência e significações inomeáveis, Beckett aponta sua intenção: "displacing and deconstructing the dramatic text and for positing the flow of unchained signifiers as the primary power of theater"[56].

Trecho da peça minimalista *Not I*, de Samuel Beckett:

NOT I

TINY/LITTLE THING
OUT BE/FORE ITS TIME
GOD FOR/ SAKEN HOLE
SPEECHLESS/ALL HER DAYS
EVEN/TO HERSELF
ONCE ON/ TWICE A YEAR
SUDDEN/URGE TO TELL
HALF THE/VOWELS WRONG
NOTHING/BUT THE LARKS[57]

Buscando uma nova hermenêutica, o *work in process* beckettiano cria linguagem dramática e gera outros formatos de *mise-en-scène*[58].

O texto-imagem resultante, típico do processo de hibridização[59], cria um constructo minimal de dramas sintéticos que dão a dimensão do universo beckettiano.

---

55 Tradução livre: "rejeitar inteiramente o teatro burguês com suas molduras psicológico-cartesianas e quantificado senso de tempo, espaço e perspectiva, bem como de uma dependência da causalidade".

56 Tradução livre: "deslocar e desconstruir o texto dramático para colocar o fluxo de significadores libertos como o poder primário do teatro" (Heuvel, *op. cit.*).

57 Tradução livre (em colaboração com Edith Epstein): "Pequenina / coisinha //À frente / de seu tempo // Intervalo / esquecido por Deus // Sempre em silêncio / todos os dias // Mesmo / para si própria // Uma ou duas vezes / ao ano // A urgência / de falar // Metade das / vogais errôneas // Somente / pândega".

58 Na montagem de *Katastrophé* (direção de Rubens Rusche), marcante no ano de 1990, Maria Alice Vergueiro, resumida numa imensa boca, iluminada, vocifera fluxos de consciência, falas, impulsões, lamentos.

59 Seguindo a estrutura do ideograma, em que dois contrários, criam um terceiro, ou estabelecem um diálogo entre si (ver Haroldo de Campos, *Ideograma – Lógica, Poesia, Linguagem*, São Paulo, Cultrix/Edusp, 1977).

A cena híbrida, apoiada nessa signagem de superposições, resulta em construções complexas com várias hierarquias, abrindo múltiplos níveis de leitura[60].

O texto-signo resultante, escultura lapidada de recortes precisamente escolhidos, vai dar indicação para construção do *storyboard* e, num momento posterior, vai se superpor à construção das biomecânicas dos *performers*, às indicações do *environment* e outros elementos estruturados da *mise-en-scène* (ver cap. 5).

Na construção do *storyboard* algumas características do *work in process*, enquanto procedimento criativo, são axiomáticas:

• O *work in process* implica a presença do encenador/autor/roteirista – em geral a mesma pessoa – em todas as etapas da criação/encenação. Essa participação se efetiva na condução de laboratórios, na tecedura do *storyboard* (texto/imagem/sentido) e na ampliação da rede de pesquisas[61].

• O trabalho em processo não acontece somente no espaço-tempo anterior à apresentação, mas durante todo o curso do espetáculo e suas sucessivas apresentações, sendo conceitual, à semelhança de processos vitais, essa constante mutação. Isto não implica que o espetáculo, gestado em *work in process*, seja um *happening* com improvisações a cada noite.

• A cena *work in progress* é gestada pelo grupo de criação e pelos atores-*performers* a partir de impulsos da direção, num processo distinto da "criação coletiva", e experienciado em laboratório.

• O trabalho de atuação é conduzido em duas vias: uma sensível, intuitiva, vivencial – própria do campo artístico –, criação esta que se dá por *insights*, gestos, imagens, frases, aforismos, estados de vivência mítica, fluxos de consciência; e, uma segunda via, intelectual, racional, relacional, que dá campo de referências/rede de associações. Este processo é muitas vezes penoso, apresentando dificuldades de visualização do todo, de fechamento das gestaltes, mas próprio de situações vivas.

São portanto possíveis de enumerar os seguintes procedimentos de escritura, sintaxe e narratividade na criação contemporânea:

• Hipertexto e intertexto (fusão de enunciantes e códigos de linguagem).

---

60 Signagem típica na cena de Gerald Thomas ou de Richard Foreman em que seus "personagens-*personas*" evocam galerias de figuras e situações: "Hamlet"/"Édipo", "Carmen"/"Eletra" e outros exemplos. Em *Sturm und Drang* a signagem masculina, por exemplo, é fusão de divindades (Baal, Shiva, homem búdico) e personagens cotidianos ("Everyman", Lenhador, Bêbados).

61 No item 3.5. – a seguir – apresentamos um exemplo da construção de um *storyboard* (processo criativo, transições, operação do *work in process*). As questões da atuação e da animação dessa linguagem são desenvolvidas no cap. 4.

- Inter-escritura (cocriação, o texto mediado por tecnologia – gestam-se autorias simultâneas).
- Texto-ideograma (o texto palimpsesto, fusão de antinomias e camadas textuais).
- Texto-partitura/texto *storyboard* – inscrição do texto espetacular codificando deslocamentos, sonoridades, imagens, intensidades e sincronias.
- Escritura em processo: procedimento narrativo com autoria difusa que incorpora acaso, deriva e sincronicidade.

3.5. UM MODELO DE *WORK IN PROCESS*: CRIAÇÃO E ENCENAÇÃO DO ESPETÁCULO *STURM UND DRANG* (*TEMPESTADE E ÍMPETO*)

3.5.1. Do Percurso

No período de 1990 a 1993 foi criado e encenado o espetáculo *Sturm und Drang*, experimentação cênica, que constituiu proposta de aplicação prática da linguagem *work in process*, tema central da pesquisa.

O projeto de encenação, do qual participei como criador, diretor e encenador, contando também com a contribuição dos *performers* e outros colaboradores na parte técnica e conceitual, passou por inúmeras metamorfoses – próprio da linguagem *work in process*. Foi apresentado publicamente, em forma embrionária, sob o título de *Ekstasis*, em forma finalizada, de dezembro a julho de 1992, como *Sturm und Drang*, na Casa Modernista de São Paulo, e em março de 1993 no II Festival de Teatro Contemporâneo de Curitiba (ver matéria crítica e documental em apêndice).

O trabalhou compreendeu processos de criação, com a conceituação e experimentação do *work in process* e estudo de linguagens de encenação. Empreendeu-se a composição do texto / *storyboard* com todas as transições do processo: trabalho de *Dramaturg*, envolvendo adaptação, contextualização e transcriação de textos, poéticas e fragmentos.

A criação/encenação compreendeu também a preparação dos *performers*, a pesquisa de linguagens de transposição (trabalho de justaposição de mídias, uso de estranhamento cênico, adaptação de mitologemas, determinação de *environment* próprio) e análise da recepção.

A pesquisa desdobrou-se, além dos experimentos de linguagem, no estudo dos temas e práticas específicos de montagem (o *Sturm und Drang* romântico, aspectos da filosofia búdica, danças extáticas).

Tempestade e Ímpeto. Performers: Henrique Stroeter e Mariela Nobel, Parque Modernista, São Paulo, 1991-1992.

3.5.2. Da Linguagem

O projeto *Sturm und Drang / Tempestade e Ímpeto*[62] do Grupo Orlando Furioso[63] constituiu-se de pesquisa sobre temas do movimento romântico, aspectos da filosofia búdica e processos de encenação minimalistas, tendo resultado na realização de um espetáculo teatral muldimídia e, como desdobramento, na condução de *workshops* teóricos e práticos sobre o trabalho.

Foram retomadas investigações do Grupo Orlando Furioso, sob minha direção, e o trabalho buscou uma linguagem de ruptura suportada no estranhamento cênico e numa ideia de *Gesamtkunstwerk* que incorpora, para a cena, recursos de outras linguagens – *performance*, *guignol*, arte ritual, dança, pantomima, instalações e uso de tecnologia.

Essas investigações são norteadas pelos seguintes conceitos: a busca de aproximações entre arte e vida, quer na criação de uma arte não naturalista, sem preocupação mimética de representação, quer pela valorização da vivência, do cotidiano, pela via do processo criativo, pleno de imprevisibilidades.

Essa procura se dá em todos os instantes da criação, desde o processo de composição de textos/cenas, por via do *work in process*, até o de laboratórios, atuação e manutenção do espetáculo.

É desenvolvida uma encenação sem submissão à palavra e à narrativa aristotélica utilizando toda fonte de criação – imagens, memórias, frases, movimentos, que possibilitem uma relação viva com o processo criativo, e a exacerbação do caminho sensível, intuitivo, sensório, próprio do domínio das artes.

A noção espetacular é trabalhada incorporando recursos das diversas linguagens, de maneira a ampliar as possibilidades da encenação[64]. Nesse sentido, na célebre dicotomia teatro total *x* teatro pobre (do ator)[65], seguimos, ao paroxismo, a ideia de uma polifonia cênica.

Busca-se a condução do espetáculo numa forma processual (no espaço-tempo), interativa, na qual a plateia tenha uma participação sensória, mobilizada, e não apenas passiva.

---

[62] Pelo caráter transcultural e ontológico do trabalho, mantivemos os termos no original de cada cultura, utilizando alemão, inglês, sânscrito e símbolos mântricos.
[63] Já realizado, parcialmente, na montagem anterior, *O Espelho Vivo – Projeto Magritte* (1986-1988). Ver documentação anexa.
[64] Operamos um espaço/tempo polimorfo alterando a relação clássica palco-plateia. A montagem foi encenada no Parque Modernista (São Paulo), utilizando o bosque e a piscina como espaço da encenação.
[65] Seguimos o conceito artaudiano de cena (no que tange às hierarquias e possibilidades da cena), bem como referências de Gordon Craig (*sur-marionetes*), Appia (espacialização) e Richard Wagner (obra de arte total).

Desenvolvem-se técnicas de atuação, encenação e recepção que, através de recursos de estranhamento, possibilitem ampliação de consciência dos atuantes e receptores do processo, incorporando práticas e linguagens orientais (kempô, zen, *Baratha Natyan, Odissi*) e recursos de teatro ocidental (laboratórios, técnicas psicofísicas, câmera lenta, trabalhos de pantomima, *guignol*).

3.5.3. O Sturm und Drang: Universo da Pesquisa

O projeto *Sturm und Drang* procurou resgatar alguns ideários que animaram o espírito romântico, entre eles a emergência das potências irracionais e imaginárias, a busca do encantamento imanente, o resgate do mundo natural e as digladiações caos/ordem, noite/dia, morte/vida, ideias e sentimentos, estes tão bem espelhados na própria nomeação nascente do movimento: *Sturm und Drang/ Tempestade e Ímpeto*, que aglutina na Alemanha a primeira vertente do romantismo.

Recompondo a trajetória de homens como Lenz, Buchner e Kleist e sua reverberação contemporânea em artistas como a dançarina Mary Wigman e o multiartista Joseph Beuys, o trabalho procura recuperar a problemática da *Weltschmerz* (dor do mundo) e a revolta romântica contra o racionalismo e o "iluminismo" emergente, contra os inescrupulosos sistemas sociais em implantação e contra a própria arte, presa a rígidos padrões clássicos, apontando para uma vivência radical que celebra um homem natural, ser emocional, cerebral e também animal, um homem, nas palavras de Nietszche, que se situa "acima do bem e do mal".

O trabalho foi, antes de tudo, tendo como referência românticos como Novalis, Nerval e o pintor Friedrich, um internamento no território anímico, da ultrassensibilidade, do eterno feminino, e uma visita a estados de espírito e de consciência que os lampejos e o mergulho romântico apontaram e deixaram como legado.

Numa outra vertente, que pretendeu delinear os contornos dos processos de consciência, a pesquisa incorporou aspectos da filosofia búdica trabalhando os conceitos de *Dharma* (verdade) *Maya/ Lilla* (ilusão/jogo) e de mandala (configuração), resgatando práticas e referências de fontes primordiais.

Retomando questões centrais do budismo, como aspectos da temporalidade/transitoriedade, conformações corpo/alma, e atuando pela via shivaísta da destruição da ignorância, foram introduzidos rituais de encantamento e transmutação, tão bem traduzidos no aforisma do mestre tibetano Trungpa:

Bebendo fogo, vestindo-se de água, empunhando a clava do vento, respirando terra, sou o senhor dos três mundos[66].

Resultando numa cena multimídia, apoiou-se, dessa forma, numa tríade:

1. o ideário romântico[67], precursor da modernidade;
2. um campo de referências da cosmogonia budista e taoísta, que se reportam a fontes ancestrais de conhecimento; e
3. uma encenação/montagem minimalista, apoiada no *work in progress* com vistas a uma polifonia cênica incorporando recursos da teatralidade, da dança expressiva, arte ritual, pantomima e uso de aparatos tecnológicos.

3.5.4. Processos / Transições

Apresentamos, a seguir, a operação do *work in process* com um delineamento de fluxos, sincronicidades, laboratórios, transições, alinhados em movimento coercitivo por multiplicidades de *leitmotive* que convergem, num momento seguinte, para a composição do *storyboard*-roteiro.

Uma sequência típica do *work in process* passa por impulsos, imagens referenciais, seguida de primeiros laboratórios com *performers*, criadores. A partir desse ponto abrem-se novas referências, pesquisa, nutrimento (textos, material temático, estudo de técnicas) e outra sequência de ensaios, operando sincronicidades e novas descobertas. Finalmente, prossegue a exploração de alguns *leitmotive* e posterior eliminação de outros.

Um exemplo da sequência de um único *leitmotiv* em *Sturm und Drang* foi: estudo de situações simbólicas de morte e renascimento, laboratório livre com os *performers* que remeteu à busca de referências da cosmogonia búdica. Daí para frente, pesquisa da expressão dramática (danças indianas *Baratha Natyan* e *Odissi*) e, finalmente, textualização-dramaturgia através de aforismos do *Tao Te King* e poemas shivaístas[68].

---

66 Chögyam Trungpa, *O Mito da Liberdade e o Caminho da Meditação*, São Paulo, Cultrix, 1976.
67 A menção ao movimento romântico e a fontes budistas foi inspiratória, referencial, sem preocupação historicista, documental. A montagem pretendeu ser atemporal e utilizou elementos do *Baal* de Bertolt Brecht, textos e referências do *Tao Te King*, mudras budistas (tibetanos) e poemas shivaístas (mitologia hinduísta). Ver *storyboard*.
68 Descrito a partir de minha experiência prática como roteirista, diretor e encenador. Trabalhos como os de Gerald Thomas ou Richard Foreman, identificados de fora e através de declarações como tipicamente *work in process*, seguem provavelmente outro percurso.

Mandala, campo de configuração. Fonte: Budismo tibetano.

O fluxo de imagens, índices, ideias, impulsos que imprimem motricidade ao *work in process* resulta de dois movimentos consonantes:

1. Movimento consciente, que encadeia significações, referências, continuidades, dando lapidação ao movimento. Na criação/encenação, essa "mente"[69] organizadora resolveria questões do roteiro, encadeamento de ideias, continuidades, lapidação do *storyboard*.

Aspectos da criação – a digladiação céu-terra (proposição taoísta), a composição entre a exterioridade romântica (imanência, revolta, retorno ao mundo natural) e a interioridade búdica (caminho único, *dharma*, impermanência), textos da *hybris* humana, textos epifânicos – e da encenação (condução de laboratórios, uso do espaço/ *environment*, aspectos da recepção) – são operações desempenhadas por esse estado mental.

2. O segundo movimento, talvez o mais emblemático do *work in process*, é o que anteriormente nomeamos como "irracional" – fluxo caótico de intuições, sincronicidades, *insights*, via de expressão do inconsciente operador[70].

Esse estado mental[71] dá fluxo às demandas do roteiro/criação e, operado em movimento consonante com a primeira forma de organização, oferece resolução aos percalços do processo.

Essa sequência de imagens[72] apareceu no início do processo. Segue decodificação *a posteriori* deste texto/imagem e um relato da fluência desse processo.

Figura 1 (no alto, à esquerda): dois seres (homem, mulher) num espaço fechado (*huis-clos*) aberto para a frente. À direita, sugestão de rampa triangular.

Decodificação: Essa imagem remeteu à cena original do espetáculo, que trata de uma situação caótica com múltiplas significações (Kali-Yuga, queda, campo de força).

---

69 Estou usando o conceito budista de mente que inclui neste campo a mente/emoção ocidental (*ratio* + psique).
70 Partimos das definições freudianas de inconsciente, observando a ressalva lacaniana de que possivelmente esse movimento fantasmático/especular esteja na esfera do pré-consciente e não do recalque. Por último, consideramos a noção de Guattari, de inconsciente enquanto processo, feitura, agenciamento e não depositário de material psíquico, e o conceito junguiano de inconsciente enquanto porta, campo de sincronicidades.
71 Essa operação é feita pelo criador/roteirista, que está, nesse processo, em ligação "irracional"/intuitiva com os *performers* e o grupo de criação que participam, dessa forma, indiretamente da criação.
72 A minha organização como criador é especializada, imagética, iconográfica, compondo um pré-processo do *storyboard* (texto de imagens).

A ideia da rampa veio do desequilíbrio a que os *performers* estão submetidos na ação[73].

Figura 2 (no alto, à direita): dois homens-anjos, em movimento ascencional. Texto: bonecos, voo. Embaixo: instalação.

Decodificação: A figura reporta-se a um *leitmotiv* davinciano, inspirado também em Ícaro, anjos, e na ideia de *sur-marionetes* de Craig e Artaud, posteriormente abandonado[74].

Permaneceu desse *leitmotiv* a ideia de nível celeste, ascendente em trâmite com o nível humano.

Figura 3 (embaixo): Homem/mulher, entre árvores, com base na terra; ideia de movimento, caminhada.

Texto: encantamento

Decodificação: esse *leitmotiv*, central no processo, conduziu a toda via romântica, de busca da natureza imanente; abrindo um campo de conotações (gênesis, forças ctônicas, percurso humano, *Maya / Lilla*).

Partiu também desse *leitmotiv* a decisão de usar um bosque natural como cenário.

Nessa decodificação percebe-se que na imagem iconográfica apareceram operações dos dois estados mentais: palavras-guia e situações preconcebidas (*huis-clos*/queda, floresta/encantamento, anjo/voo) da mente organizativa, e desenhos, representações, intensidades, organização, próprios da mente intuitiva.

Sequência de ideia, referências, imagens que ocorreram no processo[75]:

Ekstasis	Mito Pessoal	Deusa
Mary Wigman	Pássaro (sufismo)	Alquimia
Céu-Terra	Hermes	Baal
Porco (Trungpa)	Repetição	equilibrista
Ein-sof (cabala)	Shiva	*anima mundis*
→ tensões	Kabuki	cemitério
Mito	Manequins	Zaratustra
Platonismo	*scaregrow*	quadra
imanência	*vocoder*	pantomima
Encantata	Fata Morgana	momo
Mandala	*searcher*	labirinto

73 Normalmente, nas montagens, não trabalho este nível de decodificação, apenas apresentando *storyboards* transitórios aos *performers* como visualização dos espaços, perspectivas, intenção e caminho pulsante da cena.

74 Esse é o aspecto fundamental da linguagem *work in process* em relação a outros processos: a possibilidade de alteração, eliminação, passagem de criações.

75 Sequência apresentada de forma minimal e caótica segundo as ocorrências do processo. Estão misturadas ideias, *leitmotive*, referências e transições.

Work in Process: Signagem do Processo (*Modus operandi* dos fluxos).

3.5.5. Sturm und Drang: *Organização dos* Leitmotive

No trabalho processual, uma das vias de organização do campo de cenas/significações é o uso de *leitmotiv* de condução.

Apresento, a seguir, a rede de *leitmotive* da criação de *Sturm und Drang*[76]. A partir dos *leitmotive* desenvolvem-se procedimentos de criação, pesquisa, laboratório e encenação.

Na figura 1 aparece uma primeira rede, caótica, em que são apresentadas as tensões entre os *leitmotive* e as transições de percurso.

A figura 2 ilustra uma organização desse processo. Essa organização por figuras-guia foi inspirada na chave de *Ulisses* de James Joyce.

Nessa guia, os *leitmotive* principais com transformações, eliminações e hibridização de conteúdos vão dar suporte ao *storyboard*/roteiro e a construção do espetáculo, bem como o suporte temático para o trabalho dos *performers*.

3.5.6. *Textualização / Transições / Construção de* Storyboard

No processo de construção do texto/*storyboard* trabalhamos com os procedimentos descritos anteriormente. Apresentamos, aqui, um detalhamento dessas operações:

Transição / Processo

Escolha de textos/cenas/referências que vão sendo reelaboradas e abandonadas por soluções melhores, ao longo do processo. Essa transição se dá após a realização de laboratórios, experimentação e encenação dos enunciados.

Dois exemplos são apresentados: um, no *leitmotiv* da consciência superior que foi de um texto nô para a utilização do *Tao Te King*[77], e outro romântico que transitou de trechos do *Zaratustra* de Nietzsche e poemas shivaístas para uma definição com a poética de Novalis.

Texto Nô

(*Zeami*)

> A primavera se vai,
> O vento passa comovendo

---

[76] Em geral associo um *leitmotiv* a uma ideia. É nesse desenho que fica caracterizada a operação do *work in process*, através do fluxo de *leitmotive*.

[77] O texto nô assim como a utilização de recursos do teatro japonês foi posteriormente abandonado. Os textos definitivos são apresentados no anexo 4. É importante ressaltar que essa transição foi fundamental para chegar-se ao resultado final.

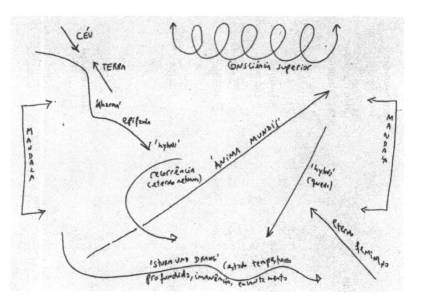

Fluxo do *leitmotiv* (*Sturm und Drang*).

Leitmotiv	**Transição / Texto**	**Environment**
HUMAN CONSCIOUSNESS		
Referências: *Dharma*, Budismo	Nô → *Mahamudra* → Tao	Todo o espaço
Pesquisa: Som, Budismo, Tao	Texto Budista	(vocalizações)
Movimento: câmera lenta		
DIGLADIAÇÃO CÉU x TERRA		
Ref. Maya	Baal → Zaratustra → Poema Shivaísta	Bosque
Movimento: Desequilíbrio		(*Maya*)
ANIMA MUNDIS		
Ref.: Eterno Feminino	Tao Te King	Bosque
SER ROMÂNTICO		
Louco-Momo	Kleist → Büchner → Nietzsche	Piscina
Andarilho	Lenz → Novalis → Brecht	
Evetyman		
Lenhador		
LINHA ALQUÍMICA		
Ref.: Recorrência		Todo espaço
Elementos		
Joseph Beuys		
Antroposofia		

Figura 2: *Leitmotiv (Organização/Desdobramento)*.

O bosque de carvalhos
A brisa murmura –
o outono solitário chegou.
Como raízes no beiral de templos abandonados
Nenhuma doce memória... do glorioso passado.

Zaratustra

Vós olhais para cima, quando aspirais
A elevar-nos. E eu olho para baixo,
Porque já me elevei.
Quem de vós pode, ao mesmo tempo,
Rir e sentir-se elevado?
Aquele que sobe ao monte mais alto,
Esse ri-se de todas as tragédias,
Falsas ou verdadeiras[78].

Poema Shivaísta

A shane-charmes and his noseless wife
Snake in hand, walk carefully
trying to read omens
for a son's wedding
[...]
What shall I call suchfools
Who do not know themselves
And see only the others
Oh lord of the meeting rivers.

Esses textos e alusões dão dimensão do trabalho do *work in process* em que o resultado advém de inúmeras transições e eliminações[79].

Ressignificação

Operação de deslocamento de conteúdo imprimindo novas significações à estrutura primeira.

Transcrevemos a seguir um cruzamento que fizemos do texto de *Baal* de Brecht (tradução de Márcio Aurélio) com imagens do deus-entidade Shiva.

Baal

Quando do seio materno veio Shiva
O céu já era grande e pálido e calmo,

---

78 Trechos de *Zaratustra* com tradução de Mário da Silva. Foram utilizados na versão primeira do espetáculo, com o nome *Ekstasis*. Os poemas shivaístas selecionados foram deslocados para outro instante. O texto final de Novalis está apresentado no anexo 3.
79 Possibilidade que dá toda a riqueza desse procedimento permeado pelo risco, pela experimentação, pela vivência e não por decisões apriorísticas. A encenação de *O Espelho Vivo – Projeto Magritte* emergiu após inúmeras transições.

Jovem, belo, nu; um monstro-estranho céu,
Como Shiva o amou quando nasceu.
E o céu em gozo e dor permanecia
Mas dormia Shiva beato, não o via
Violeta noite, Shiva de porre, bêbado,
de manhã, Shiva sóbrio, o céu, pêssego.
Pelos bares, hospitais e catedrais,
Trota indiferente às coisas sociais.
Vejam só: mesmo cansado andando ao léu,
Shiva recolhe-se e, com ele, o céu.
E em meio ao turbilhão dos pecadores
Deitava e rolava Shiva tranquilo e nu
E o céu, somente o céu, com suas cores,
Poderoso a lhe cobrir o cu.

Nessa "ressignificação" operavam-se duas fusões: a construção de uma persona com traços humanos e divinos – já operada por Brecht, com seu "dionísio-trovador" – e a fusão das cosmogonias romântica e búdica (Shiva – Baal).

Em nível de laboratórios essa "ressignificação" resultou na incorporação da densidade emanada do texto de Brecht (planta-baixa do espetáculo), no uso de *environment* próprio (bosque, ver cap. 5) e na tradução do arquétipo do Deus-Shiva.

Hibridização

Procedimento principal da textualização/encenação, a hibridização, resulta da intercessão de significações/cenas formando um corpo único sem característica de *collage*[80].

Essa operação, chave do *work in process*, enquanto encadeamento de *leitmotive* e estruturas, envolve fechamento cênico, gestualidade, movimento e trabalho expressivo dos *performers*[81].

---

[80] O resultado dessa operação não é visível para o espectador; a maior parte dos encenadores (Gerald Thomas, Richard Foreman, Elizabeth LaCompte, entre outros) procuram não deixar rastros dessa estrutura. Ao mesmo tempo, a cena emergente tem signagem complexa com vários níveis de significação e possibilidades de recepção.

[81] Em *Sturm und Drang*, esse processo, de difícil descrição, consistiu na justaposição dos conteúdos românticos – apresentados em texto por poemas de Novalis – com temas e ideias do budismo/hinduísmo (poemas shivaístas). Os *performers* foram caracterizados e usaram uma expressão que se reportava, externamente, ao século XVIII europeu. As figuras hinduístas foram apresentadas em aparições míticas, e o tema budista, de forma subliminar, em *off*.

3.6. *WORK IN PROGRESS* COMO LINGUAGEM

> Se partires um dia ao Guararavacã do Guaicuí, faz votos de que
> o caminho seja longo, repleto de aventuras, repleto de saber.
> Nem Minotauros nem Medusas
> nem a escuridão te intimidem;...
>
> Tem todo o tempo Guararavacã do Guaicuí[82] na mente.
> Faz votos que o Caminho seja longe
> Estás predestinado a ali chegar
> Mas não apresses a viagem nunca...

Instaurando outras aproximações com a recepção do fenômeno e com os processos de criação e representação, o procedimento *work in process* alcança a característica de linguagem, determinando uma relação única de processo/produto.

Caracterizando uma linguagem de risco, marcada pela vulnerabilidade[83] e também pelo mergulho e descoberta de novas significações[84], o *work in process*, enquanto produto criativo, estabelece através de seus anaforismos, da criação de novas sintaxes cênicas, uma nova *epistemée* consonante com os paradigmas contemporâneos.

---

82 O "Guararavacã do Guaicuí": hibridismo entre o original *Ítaca* de Konstantinos Kavafis e a obra de Guimarães Rosa. Texto-Guia da montagem *work in process Viagem ao Centro da Terra* (Karman, Donasci).
83 Gerald Thomas fala dessa condição em seu processo. O risco do *work in process* é também o de permanecer à margem dos mecanismos da mídia e do mercado de produção.
84 "Flow producing aporias of infinishable forms". Em Heuvel, *Performing Drama / Dramatizing Performance, op. cit.*

ANEXOS

ANEXOS

ANEXO 1
GERATIVE

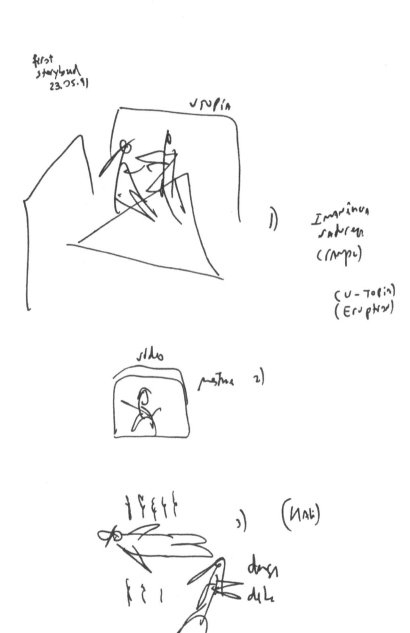

ANEXO 2
PROCESSO/SINCRONICIDADE
(STURM UND DRANG)

ANEXO 3
STORYBOARD – STURM UND DRANG

Indicações sobre o Roteiro:

Sturm und Drang é um espetáculo teatral multimídia que se compõe de um texto sígnico, imagético, do qual o verbal é apenas um dos elementos. Essa emissão multimídica, com simultaneidade de cenas e eventos, somada à característica *work in process* do trabalho – com cenas e texto em fase de criação – tornam qualquer textualização limitadora da dimensão do espetáculo.

Optamos, nesse roteiro, por oferecer indicações cenográficas, textuais e conceituais que dão uma referência do processo criativo e da ideia da encenação.

Não se trata, portanto, de um *storyboard* com todas as transições desenhadas (uma melhor visualização do espetáculo pode ser obtida através de registros videográficos).

Conforme descrito anteriormente, trabalhamos a sobreposição de textos românticos com referências budistas. Os que vêm a seguir estão inseminados, constituindo uma amostra do que foi utilizado. Escolhemos trechos das diversas fontes a que recorremos.

O texto 1 é uma recriação de *Baal* de Brecht, do qual utilizamos principalmente os cantos. O texto 2 é de origem budista (fragmentos do *Te-Mahamudra Upadesha* – descrição de processos meditativos). O texto 3, aforismo do *Tao Te King*.

O texto 4 é uma tradução de *Hinos à Noite* de Novalis, e o texto 5, fragmento de poemas shivaístas.

A indicação cenográfica diz respeito a um espaço imaginário, não literal. Na montagem no Parque Modernista, o labirinto foi concretizado no bosque, e a cúpula transformada no *atrium* da piscina.

STORYBOARD/ROTEIRO

PROJETO *STURM UND DRANG* (*TEMPESTADE E ÍMPETO*)

CRIAÇÃO E DIREÇÃO: RENATO COHEN

PARTE I
HUMAN CONSCIOUSNESS (The Great Illusion)

PARTE II
ENCANTATA (FATA MORGANA)

PARTE III
UTOPIA

Roteiro inspirado em textos e referências do *Tao Te King* (taoísmo), em textos de Chögyam Trungpa (budismo tibetano), em poemas shivaístas, no *Baal* (Bertolt Brecht), na poética de Novalis (*Hymnen und die Nacht*) e em trabalhos de Mary Wigman e Joseph Beuys.

PARTE I
HUMAN CONSCIOUSNESS

Labirinto (tapadeiras, pano preto)

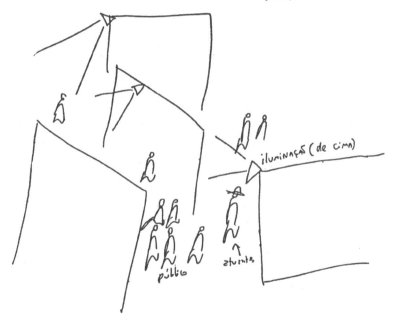

marcação processual
iluminação (de cima) –
com colortran e ímpares

PARTE II
ENCANTATA

Tenda (pano vermelho)
    Iluminação interior – vermelha
    (com spots)

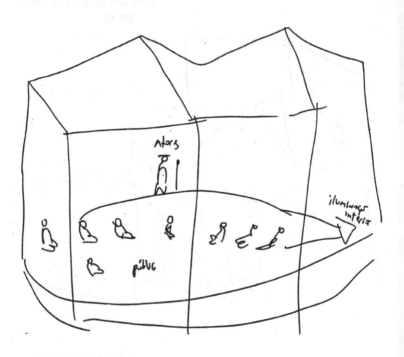

Texto 1

Te-Mahamudra Upatesha

> Olha para a natureza do mundo
> Impermanente como uma miragem ou sonho
> Nem mesmo a miragem ou sonho existem
> Portanto, desenvolve a renúncia e abandona as atividades mundanas.
> Renuncia aos servos e a família, medita isolado na floresta, em refúgios, em lugares solitários
> As coisas que criamos não têm essência, por isso, busca a essência do definitivo
> Um facho dispersar a escuridão acumulada em milhares de kalpas,
> Igualmente, a vivência de um instante de mente luminosa
> Dissolver o véu das impurezas kármicas

Texto 2

Tao Te King

> Por natureza, a grande virtude
> Segue o caminho... e nada Além do caminho
> Qual é o caminho do mundo das coisas?
> Uma ilusão evanescente
> Uma ilusão evanescente
> Mas na qual se encontram coisas
> Uma miragem crepuscular
> Mas habitada por essências
> Sim, por essências reais
> E por sólidas promessas

(Textos apresentados em *off*, de forma subliminar).

PARTE III
UTOPIA

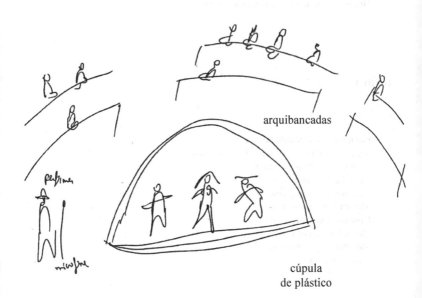

arquibancadas

cúpula
de plástico

Texto 3

Novalis

> Para além me inclino
> E cada sofrimento
> Um dia me ser
> espinho de volúpia
> Assim em breve tempo
> Livre então serei
> E ébrio jazerei
> No ser do amor
> A vida infinita
> Forte em mimética se agita
> E do alto, hei de contemplar
> O mundo lá embaixo
>
> No mais ardente fogo íntimo
> Transfigura o nosso espírito
> Fundem-se os astros do mundo
> Em vinho áureo da vida,
> E ao sorvê-lo profundamente
> Estrelas claras seremos.

Original:

> *Hinüber Wallich, und jede pein wird einst in*
> *Stachel*
> *Der wollust seyn.*
> *Noch wening zeiten,*
> *So bin ich los,*
> *Und liege trunken*
> *Der lieb' in schoob.*
> *Unendliches leben*
> *Wogt mchtig in mir*
> *Ich schaue von oben*

Em *Hymnen an Die Nacht* (A Esfinge Editorial)
Tradução Nilton Okamoto e Paulo Allegrine

Texto 4

Poemas shivaístas

> A terra é seu presente,
> A semente rasante seu presente
> O vento cortante seu presente
>
> Como devo chamar esses seres desprezíveis
> Que comem fora de sua mão
> E louvam outros quaisquer
>
> Meu corpo é sujo
> Meu espírito é espaço
> Como devo lhe capturar, meu lorde?
> Como e o que, devo pensar de ti?
> Corte fora,
> Minha ilusão,
> Lorde branco como jasmim

4. Do Estranho ao Numinoso: Processos de Criação / Atuação

Strictly speaking, an epiphany cannot be a beginning since it reveals and unveils, what, by definition, could never ceased to be there. Rather, it is the rediscovery of a permanent presence which has closen to hide itself from us [...]

PAUL DE MAN[1]

Pretendemos, nesse momento, a partir da discussão de mecanismos de apreensão dos fenômenos e das questões intrínsecas à linguagem teatral e parateatral – problemas da recepção e representação –, formular procedimentos de criação, atuação e encenação.

Partindo da própria especificidade do *topos* teatral – como duplo do mundo[2] – pretendemos penetrar nos mecanismos da recepção do fenômeno e observar nos dois contextos (o da "cena da vida" e o da "cena artificializada") aspectos de representação, cognição e conscientização da experiência.

Procuramos focar nossa observação em fenomenologias ambivalentes que trabalhem a recepção a partir de signagens ubíquas, complexas, plenas de conotação[3]; operadas por um olhar que abarque

---

* Foto: Portal; passagem de Osíris (papiro de Ani, 19ª Dinastia, 1250 a.C.).
1 Tradução livre: "Rigorosamente falando, uma epifania não pode ser um princípio porque ela revela e desvela aquilo que, por definição, nunca deixou de estar ali. Melhor, é a redescoberta de uma permanente presença parcialmente escondida de nós [...]" (em Matthew Maguire, "The Site of Language", *The Drama Review*, 27(4), 1983).
2 Na medida em que instaura uma outra realidade, virtualizada, submetida à uma mecanicidade do humano. Artaud, em seu enunciado visionário, inverte essa relação de duplos (em *O Teatro e seu Duplo*, Lisboa, Minotauro, s/d).
3 Gilbert Durand, da escola de Bachelard, aponta, de forma brilhante, o caminho de fenomenologias instauradoras que sustentam as vias do imaginário com suas declinações tortuosas, ambíguas – *locus* da epifania, travestida de representações cifradas – e

a organização logocêntrica e, também, a captação subliminar, latente, mítica[4].

Essa apreensão se faz com duas especificidades: primeiro, operamos num campo de fronteira[5], campo "para", *topos* de manifestações e experimentos limites, híbridos – *performances*[6], *happenings*, rituais étnicos, teatro de fontes, teatro de imagens –, linguagens estas que trafegam por particularidades temáticas, de representação e apresentação (temas autobiográficos, ambiguidade entre o espaço real e o ficcional, narrativas disjuntivas, uso do *work in process* como tessitura).

Exemplos desse imbricamento entre campo ficcional e "real"[7], trespassando a fronteira arte/vida, são inúmeros nos caminhos da *avant-garde* e contracultura (ponto focal dos *happenings/performances*): da proposição surrealista de abolição do real[8] aos "personagens" vivos de Andy Warhol[9], passando pelos gestos limites de Gina Pane e Cris Burden[10] e, como momento axiomático, a trajetória singular de Joseph Beuys[11], mitificadora, transfigurante em obra de sua própria existência.

seu contraponto reducionista, de signagens objetivantes, com traduções lineares de realidade, exacerbadas, a seu ver, pelas escolas neocartesianas e pelas representações semioticistas (em *A Imaginação Simbólica*, São Paulo, Cultrix/Edusp, 1988).
4   Captação sensível, não lógica, subjetiva, da esfera do inconsciente.
5   A principal fronteira é a dos contextos arte/vida. Ao contrário do teatral instituído e dos paradoxos da transposição naturalista (verossimilhança, uso de convenção, representação), percorre-se, nesse campo, territórios interpenetráveis, autorreferentes, com limites cambiantes.
6   Ver Renato Cohen, *Performance como Linguagem*, São Paulo, Edusp/Perspectiva, 1989.
7   Na cosmogonia budista, o que entendemos por "real" já é o espaço de ficção em que enredados no "véu de *maya*", tecemos nossa trama de vicissitudes como personas / personagens movidos por ações, escutas e autonomias de vaga rememoração. Todo o trabalho da "sanga" remete-se ao encontro de uma realidade não virtual, verdadeira (Chagdud Tulku, *Gates to Buddhist Practice*, Junction City, Padma, 1993).
8   Superação da realidade ordinária e criação de um sobrenatural, supernaturalismo, super-realismo, surrealismo (como noção de superação), através da "transfiguração da percepção" (Breton, *Manifestos do Surrealismo*, São Paulo, Brasiliense, 1985). Realidade esta que equipare o onirismo, o maravilhamento, a superstição, o delírio – potências do imaginário, recôndito do espírito – ao ordinário cotidiano: "Le tableau (imaginaire) est une objectivation de ce qui est imaginé par l'artiste il nést pas une imitation d'objets existants dans ce qu'il est convenu d'appeler le réel" (André Masson, *Le Rebelle du Surréalisme*, Paris, Écrits, 1976, p. 19).
9   *Underground* warholiano, de personagens como "Viva", Eddie Stigwick, artistas *bas-fond*, travestis, *junkies*, apresentado em filmes como *Trash*, *Flesh*, *Blow-Job* e outros como explicitação sexual, psíquica e física dos protagonistas.
10 *Performers* dos anos 60, que fazem do risco, da mutilação, da não representação o seu moto-criador: Burden recebe descargas de voltagem na *performance* 110-220V.
11 Chamado de xamã das artes, Joseph Beuys retrabalhou com materiais e *performances* a partir de experiências de seu acidente (como piloto da aviação nazista) e estado de pré-morte. Passa a usar constantemente banha e feltro em seus trabalhos, referência ao material usado em sua cura pelos tártaros (Caroline Tisdall, *Joseph Beuys*, New York, The Solomon Guggenheim Museum, s/d).

Nessa via, sem transposições miméticas da realidade – pelo menos como utopia, e da qual são exemplos também o teatro construtivista de Meyerhold, Popova e, posteriormente, Schlemmer; a ideia do teatro da crueldade de Artaud[12] e, numa escala mais ampla, o abstracionismo de Malévitch, Kandinsky e Mondrian –, vão se demandar signagens mais complexas[13], abertas a cifra, a uma pletora de significações e a leituras menos linearizantes.

A noção de campo "para"[14] implica deslocamento, paralelismo, e os operadores dessa gramática são figuras de linguagem embutidas nessa dimensionalidade: metáforas (transliteração de significações), alegorias (*alles*-outro), "parábolas" (narrativa circular, que extrapola o explicitado) e mitos (significações ulteriores ao enunciado)[15].

Deslocamento, no percurso ordinário, habitual, para a amplificação da consciência, recepção dos fenômenos e vivência de experiências de maior substancialidade[16].

A segunda especificidade em nossa aproximação, também um deslocamento de campo, é que procuramos operar no trabalho prático – oficinas, encenação, laboratórios, vivências – um universo nomeado como "esquerdo"[17], "irracional", do "*mythos*", que aparentemente se contrapõe ao território do "logos"[18].

Para Freud[19], essa "esquerda" é o território do inconsciente, cuja operação se realiza através das interdições da realidade, por mecanismos de deslocamento (*Verchiebung*), condensação (*Verdichtung*)

---

12 Também como superação, exasperação, revelação. Falando do teatro de Bali, que cria uma "vertigem de atemporalidade", Artaud aponta esses estados de "incandescência", de frêmito, da "metafísica em ação". Também presentes no Zohar e na escatologia cabalista, metáforas sobrenaturais e metafísicas de teatralidade artaudiana (Antonin Artaud, *O Teatro e seu Duplo*, op. cit.).

13 Aqui não no sentido de obra aberta, como derivação de leitura, mas como tradução mais completa do fenômeno. Gilbert Durand, (*op. cit.*), fala de dimensões literal (física), alegórica (simbólica) e cósmica (epifânica): "O símbolo cujo significante possui apenas a diafaneidade do signo se atenua, pouco a pouco, na pura semiologia, evapora-se, por assim dizer, nas transposições".

14 Carregamos, inicialmente, o conceito de "para" em relação ao teatro instituindo um campo "parateatral" com especificidades de processo e de resultado.

15 Roland Barthes, *Mitologias*, Rio de Janeiro, Difel, 1975.

16 O caminho gurdjieffiano trabalha a metáfora do despertar, de estados latentes de consciência, perpassando experiências de ampliação da atenção e substancialização da recepção.

17 Gillo Dorfles, *Elogio da Desarmonia*, Lisboa, Edições 70, 1986.

18 Uma das buscas epistemológicas e artísticas é a de aproximação desses "opostos", superando interdições ontológicas (proibições do olhar pretérito: mito órfico – perda de Eurídice; Lot e a mulher de sal, anátemas de proximidade: Eros e Psiquê, Zênite e Nadir). Essa separação é acadêmica, o trabalho da psicanálise, por exemplo, visa estabelecer um *logos* de áreas irracionais.

19 Formulando conceitos a partir de material psíquico (*A Interpretação dos Sonhos*, *Obras Completas*, Rio de Janeiro, Imago, 1976) e ficcional (*O Estranho, idem*) a partir dos contos de E. T. Hoffman, entre outros. A questão do deslocamento, no

e outros, através de construções metonímicas, metafóricas e bizarras[20], reconstituindo, dessa forma, um discurso parcial, seja para dar vazão a fluxos de primeiridade, seja para instaurar essencialidades (na formulação junguiana)[21].

Essa função de mediação de opostos, encadeamento de contrários, é ontológica do símbolo[22]. Etimologicamente, *símbolon*, *Sinnbild* em alemão unindo *Sinn* = o sentido "que capta e recorta os objetos" e *Bild* = a imagem "que emana do fundo do inconsciente"[23].

Aqui, a alusão é a uma imagem interna e a um sentido enquanto consciência que se forma (modelo neokantiano), mas podemos pensar, contemporaneamente, em imagem-exterior (da cena, da mídia, do cotidiano) – a busca de significação[24].

A partir dessas duas especificidades de aproximação (campo "para", *mythos*), iremos trabalhar um operador – o estranhamento[25] – como chave de tráfego entre esses universos (*mythos/logos*, consciente/inconsciente) e uma busca: a do campo numinoso (numens = do poder de Deus), dos epifenômenos[26], enquanto representação.

Essa delineação define procedimentos, laboratórios, contato com fenômenos que relatamos em item seguinte.

---

    ato falho, por exemplo, novamente aponta a versão de verdade, pela via transversa, pelo que é "aparentemente falso", sem valor.

20 Um bizarro à luz de uma cognição habitual, mas que, dentro de uma tessitura "irracional", também apresenta um *logos*. Thévoz (*L'Art Brut*, Genève, Skira, 1980) apresenta importantes configurações, do prisma de um olhar não culturalista, de artistas brutistas cujo percurso e obra se inserem nessa fronteira razão-desrazão, iluminação-caos.

21 Percurso, através da vivência de situações arquetípicas (ânima, sombra, duplo), de constituição do *self*.

22 Na nomenclatura filosófica, a noção de símbolo aparece como contraponto a signo, sendo este representação de relações simples, diretas, e o símbolo, mais complexo, imbuído de significações e derivações conotativas. Não vale aqui, portanto, o conceito semiótico de símbolo enquanto signagem de terceiridade, arbitrária.

23 Ideação de consciente como recorte de profundidades sem significação formalizada (conforme Gilbert Durand, *A Imaginação Simbólica*, *op. cit.*). Aparece, nessa figuração, a noção da *connunctio*, alquímica, metáfora física de processos da psique (ver Edward Edinger, *Anatomia da Psique – O Simbolismo Alquímico da Psicoterapia*, São Paulo, Cultrix, 1990).

24 O *puzzle* de imagens da mídia; as imagens geradas em profusão por artistas que, deliberadamente, fogem à associação significante imediata e opacificam o sentido (cena dadá; certos *happenings* dos anos 60 que Susan Sontag nomeou como "estética do silêncio").

25 Em alemão *Unheimlich*, algo como *unhomely*, não familiar. Em italiano, *sinistra* (= esquerdo), estabelecendo diversidade com a habilidade destra, habitual. Freud desenvolve teorias de repressão libidinal em seu texto *O Estranho* (*op. cit.*), a partir da análise da obra do romântico E. T. Hoffman.

26 Fenômenos de epifania (ver Mircea Eliade).

A cena do estranhamento remete ao avesso, ao transverso, ao inusual. E. T. Hoffman, epíteto dessas construções, reproduz com sua Copélia temas românticos do maquinismo, dos seres autômatos, grotescos (Frankenstein, Golem, Drácula)[27].

Instaura, em verdade, na sua ruptura com representações habituais, uma ampliação de territorialidades, tanto imagéticas quanto psíquicas, pela exteriorização e representação de imagens internas (caminho do expressionismo e, contemporaneamente, do butô)[28].

A cena do numinoso remete à busca da epifania, da cifra, do mistério.

O próprio conceito de epifania (em grego, *epifanéia* = aparição, Gilbert Durand) carrega o paradoxal; remete ao desvelamento daquilo que não pode ser contemplado[29].

Conceituando a epifania como figuração oitava superior ao símbolo e ao mito, Durand, citando Corbin (estudioso do Alcorão), utiliza a metáfora angélica como representação do símbolo: "anjos são símbolos da própria função simbólica que é mediadora entre a transcendência do significado e o mundo manifesto dos signos concretos, encarnados, que através dela se tornam símbolos".

A noção de epifania normalmente é associada a metáforas ascencionais, com modelos transcendentais[30]. Hillman, em contrapartida, fala num *locus* descendente, espaço dos recônditos da ânima[31].

Operaremos com esses dois movimentos, pensando a epifania enquanto manifestação de essencialidade, luminescência, "alma das coisas", incorporando desde as alusões platônicas clássicas quanto a imanência romântica, a *Weltanschauung* nietzschiana[32], o "belo-horrendo" de Lautreámont, representações grotescas de Bosch, as fisicalizações do butô.

---

27 Retomados, à exaustão, na contemporaneidade em *trash movies* e figurações de maior alcance (*Blade Runner, Edward Mãos de Tesoura*).
28 A imagem expressa o *logos* da alma (James Hillman, *Psicologia Arquetípica*, São Paulo, Cultrix, 1988).
29 Remetendo a interdições metafísicas (no judaísmo, por exemplo, pela proibição da representação do divino). Matthew Maguire, em *The Site of Language* (op. cit.), coloca a epifania enquanto linguagem, como um *locus* de dissonância: "epyphany as a locus of the dissonances created by conflicting structures: the fusion/fission of ectasies created by the co-existence of opposition".
30 Modelos neoplatônicos com os conceitos de duplicação, *anamnese* (conhecimento como recuperação, memória), decaimento. Mircea Eliade (*Tratado de História de Religiões*, Lisboa, Cosmos, 1977) aponta, por um viés antropológico, a interpenetração na cultura entre o sagrado e o profano, operando por vezes escatologias bizarras no imbricamento de epifanias celestes e hierofanias ctônicas.
31 A experiência da vida é o "cultivo da alma", trabalho pela repetição, de profundidade, de desliteralização da experiência, de recepção não ingênua dos acontecimentos.
32 "Intuitivismo", consciência do belo (manifestação do epifânico) enquanto verdade, significação, materialização, e não apenas harmonia, forma, equilíbrio.

Apesar da enunciação do tema da epifania ter um viés platônico, essa questão é essencialmente moderna: desde o romantismo, com a busca do encantamento e do sagrado imanente[33], mais remotamente, no barroco, com a multifacetação e o gongorismo teísta[34], até as vanguardas históricas (expressionismo, cubismo, dadá, surrealismo) que reiteram essa busca.

As questões do sagrado são retomadas na *avant-garde* seja por via paródica, pela ritualização, por mímese ou pelas utopias surrealistas[35].

Ao tratarmos de temas do *mythos*, do estranho, do numinoso – estados exacerbados de presença, *topos* do insólito, do singular, do novo, do perfeito, do monstruoso[36] – distintos do ordinário cotidiano, fica clara a pertinência da teatralidade enquanto expressão dessas manifestações[37].

Teatralidade enquanto espaço do trágico, metáfora da vida (*Theatrum-Mundi*): a noção do *Trauerspiel* barroco[38] (*Trauer* = tristeza, luto, *Spiel* = espetáculo) é emblemática desse estado. Reproduz-se aqui a questão da fugacidade, da transitoriedade da vida, o trágico se insere enquanto percepção dessa realidade última[39].

---

33 O pietismo de Shchleimmachen é mote dos românticos que se antepõem ao *cogito* cartesiano. A superação pela via do percepto, a preponderância do sentimento, da intuição ante o *cogito* são guias da experiência exacerbada dos românticos. "Sentimento e emoção são a quintessência da alma e qualquer tentativa de fragmentar o ser humano em intelectual e emocional restringe a unidade e a totalidade da pessoa" (Anatol Rosenfeld, em *Autores Pré-Românticos Alemães*). Jacó Guinsburg aponta a dimensão de busca de totalidade, inteireza (*Ganzheit*) a partir desse mergulho singular (em "Romantismo e Classicismo", em colaboração com Anatol Rosenfeld, em *Romantismo*, São Paulo, Perspectiva, 1978).

34 Ver Walter Benjamin, *Origens do Drama Barroco Alemão*, São Paulo, Brasiliense, 1984.

35 Christopher Innes (*Holy Theatre*, Cambridge, Cambridge University Press, 1981) mostra como os trabalhos de Kokoshka, Mary Wigman, Laban, no teatro Strindberg, Artaud e, contemporaneamente, Grotowski e Peter Brook estão apoiados em buscas antropológicas, recuperação do primitivismo, estudos de rituais e celebrações interculturais, irracionalismo (xamanismo, onirismo, estados alterados de consciência), numa trajetória que visa resgatar por vias transversas, vias negativas, questões do sobrenatural, do sagrado.

36 "Espaço de ruptura do nível ontológico", em Mircea Eliade.

37 O teatro da crueldade de Artaud, realizado parcialmente pelo Living Theatre, por Grotowski e em algumas cenas-rituais isoladas é concebido dentro desse liminar. Na classificação genérica de Anatol Rosenfeld (*O Teatro Épico*, São Paulo, Perspectiva, 1965) seria o espaço épico, epopéico como superação do dramático, e com inserções de lirismo.

38 Walter Benjamim, *op. cit.* (Rouanet, em preâmbulo, traduz *Trauerspiel* como "luto da existência", "trágico da vida").

39 Conceito análogo ao *Maya-Lilla* budista. *Lilla* espaço de jogo, brincadeira, drama da vida. *Maya*, receptáculo, tecedura, véu de vicissitudes.

4.1. TRABALHOS EM CAMPO MÍTICO: A CENA DO MISTÉRIO

> *Os anjos que rodeiam o trono do alto chamam-se dias e os que rodeiam o trono de baixo chamam-se noite*
>
> Zohar[40]

A partir da definição do território do *mythos* como campo de atuação, passaremos a essa questão enquanto narrativa, função suporte, e como derivação, nomeando a cena mítica e a instauração de um "campo mítico" de operação.

Mito como narrativa, mito como rememoração, mito como alusão, mito como celebração, mito como *locus* da hierofania, mito como pré-*logos*, mito como derivação – parábola, metáfora – mito como impostura; ontologicamente o *topos* do *mythos* é o da rememoração, da repetição, da reinstauração do tempo ritual[41], da recuperação de acontecimentos reais ou imaginários.

Com uma direção pretérita e, essencialmente, recuperando uma genealogia, o mito reapresenta, por ritualização (através de índices do acontecimento primordial), por narrativa, geralmente oral (ficando no território da alusão), por representação (pictórica, icônica, poética) a experiência original[42].

Enquanto narrativa, a fala do mito, verbalizada, ou na via da escritura, implica signagens derivativas. Barthes[43] entende o mito como "modo de significação", movimento de consciência a partir de arbitrarização da experiência.

Nesse caso, alude às funções conotativas da recepção (enquanto relato) do mito e à sua característica simbiótica de linguagem – extrapola o sentido literal; empresta o corpo de um enunciado primeiro para evocar, por significação, outras leituras (função metafórica). Decorre desses mecanismos sua crítica à função mítica enquanto campo propício a manipulações[44].

Cassirer aponta precisamente a construção metafórica como elo de vinculação entre linguagem e mito. Reiterando o conceito kantiano de real "enquanto conteúdo de percepção empírica ordenado no contexto

---

40 Citado em Gilbert Durand, *A Imaginação Simbólica*, p. 76.
41 Mircea Eliade, *Tratado de História das Religiões, op. cit.*
42 Pensando-se o mito de um ponto de vista antropológico. Eliade ressalta a questão temporal, na qual, pela repetição, se reinstaura – abre-se passagem – a cena original, o "estado mítico", contemporaneizando-se a ocorrência primeva manifestada *in illo tempore* (*Hierofanias do Eterno Retorno*).
43 *Mitologias, op. cit.*
44 O mito é veículo de instauração e manutenção de ordens. Ocupa tanto o espaço de manifestação da epifania, desse tantrismo com escalas superiores, quanto o de linguagem de veiculação dos poderes que transitam. Decorre daí, também, a noção de tabu enquanto limite de transgressão.

da experiência", o mito transita no território da *Anschauung* (intuição, percepção, visão), veículo de captação do "protofenômeno"[45].

Na mesma linha, considera que a linguagem sofre do "estigma da mediação", com seu aparato denotativo, não indo além da alusão ao fenômeno. O mito, enquanto experiência não traduzida, ao contrário, equipara-se à via da experiência direta.

A cena mítica, momento de permeação ou de reapresentação[46] do fenômeno primeiro, investe-se pelo seu caráter direto com a experiência, plena de visibilidade e sensação, de uma potência superior às narrativas e relatos[47].

A presença, a permeação, a iniciação, a narrativa imagética potencializam o rito enquanto espaço de manifestação do mítico: percurso paralelo ao da cena teatral, oriunda de práticas dionisíacas e rituais dos mistérios de Elêusis.

O teatro da crueldade de Artaud, a dança-metafísica do Balé de Java, os movimentos expressionistas de Mary Wigman, Laban e Dalcroze, cenas que evocam potências além do ordinário e transportam máscaras "dos deuses" são incursões nesse território.

A questão da visibilidade do mito, enquanto manifestação contemporânea aos participantes, traz à discussão o potencial da imagem enquanto conduto da experiência. Imperativa (Barthes), corpo de manifestação de simulacros e derivações, a imagem condensa narrativas e eleva o fenômeno a uma representação-significação direta[48].

Com base nessas considerações gerais sobre o mito enquanto linguagem, e na configuração de uma "cena mítica", acrescendo o contraponto que Cassirer estabelece entre presença estética e presença mítica[49], pretendemos conceituar a noção de campo mítico.

45 Ernst Cassirer, *Linguagem e Mito*, São Paulo, Perspectiva, 1972. Herder, filósofo romântico, inverte a relação chamando a linguagem de "mitologia empalidecida", "que conserva, em distinções abstratas e formais, o que a mitologia apreende como diferenciações vivas e concretas". (Para os racionalistas, ao inverso, o mito é muitas vezes equiparado a construções imprecisas, sistemas pré-lógicos, captação fabulosa ou imaginativa de realidade; Max Müller em Cassirer, *op. cit.*: "mito: a obscura sombra que a linguagem projeta sobre o pensamento".)
46 Pensando-se o mito, ou o estado mítico enquanto "nível de ruptura ontológica", espaço de manifestação da epifania (estado que os místicos chamam de transe ou êxtase), tempo de permeação. Pela abordagem antropológica (Eliade, Levi-Strauss), tempo de reiteração de imagens pretéritas.
47 Mircea Eliade aponta como, pela via dos rituais primitivos, se reinstaura "o tempo" da experiência sagrada.
48 Para Hillman (*Psicologia Arquetípica, op. cit.*), a imagem interna ou externa é o *logos* da alma.
49 Ernst Cassirer, *Filosofia das Formas Simbólicas*. A presença estética ou o olhar estético, mais habitual, estabelece um distanciamento, uma diferenciação entre observador e objeto. No olhar mítico, a relação entre sujeito e objeto é contínua, havendo um contato direto com o fenômeno (com uma atenuação dos mecanismos codificadores da mente). Edinger (*Anatomia da Psique, op. cit.*) fala num estado de

Formulado a partir da empiria (laboratórios, vivências, *workshops*, montagens de peças – ver anexo) e de cruzamento de conceitos diversos (sistema gurdjeffiano, modelos budistas, *Gestalt*), essa conceituação advém de percepção, sensação e ideação.

O campo mítico é um "entre-parentêses", um tempo-espaço que se insere no tempo do cotidiano (experiência do ordinário, das relações objetivas).

Manifestado, em raríssimas oportunidades – segundo relatos – pela via da irrupção (possessão), é alcançado, ou sintonizado, por via meditativa pela instauração de campo sutil ou numa outra vibração, extrema, por estados alterados de consciência, via drogas, hiperventilação ou estados emocionais intensos[50], próximos da psicose.

A penetração no campo mítico[51], que exige prática, estado de consciência e atenção, é pouco vivenciada pela maior parte das pessoas, que têm noção precária deste estado[52] de espírito. Mesmo situações limites como as passagens de morte[53] ou nascimento (de filhos) – situações do nível mítico –, teoricamente da esfera do fenômeno amplificado, são, muitas vezes, experienciados numa escala limitada.

A partir de laboratórios com atores e, também, acompanhamento da edição do vídeo de *Tempestade e Ímpeto* (que envolveu percepção, sensação) é possível apontar alguns dados para instauração do campo mítico: inteireza, adensamento, exacerbação, ampliação da presença – colocação do potencial psicofísico inteiramente alinhado com o trabalho presente. (Essa é a busca dos trabalhos de atenção de Gurdjieff e, em essência, o próprio conceito de meditação.)

Através do aumento de presença diminuem as demandas energéticas para atender as vicissitudes do cotidiano e o participante passa a operar mais pleno, tendo acesso, principalmente, à sua mente subliminar, não objetiva[54].

"participation mystique" entre sujeito e objeto mediado pelas operações alquímicas de *separatio* e *connunctio*.

50 Descritos na literatura em inúmeros relatos críveis: as experiências de consciência de Castañeda, os trabalhos de atenção de Gurdjieff, o sistema transpessoal de Grof, práticas iogues e tântricas para citar alguns exemplos.

51 Adotamos essa terminologia por operarmos no campo parateatral, artístico. Em outras disciplinas este trabalho é também chamado de trabalho de atenção, trabalho de mente desperta (*shuniata*) e outras nomeações.

52 Mesmo iniciados do campo artístico, como críticos, ficam incomodados com esta percepção.

53 Experiência observada, pessoalmente, no caso de doenças terminais (câncer, AIDS) de amigos e pessoas próximas.

54 Mente "irracional", subjetiva, possivelmente comandada pelo hemisfério direito do cérebro. Em termos de vídeo, percebemos que essa possibilidade aumenta com uma cena contínua, sem cortes (que demandam a mente explicativa), geralmente ancorada em suporte musical ou imagético.

Mary Wigman, *Kaos*, teatro-dança.

Essa prática, que envolve trabalhos de câmera lenta, exercícios de atenção, danças extáticas, movimentos iogues entre outros, está incorporada ao repertório de inúmeros grupos contemporâneos: dos trabalhos de Bob Wilson com dilatação de tempo e deformações de percepção[55] ao *stacatto* e interlúdios de Pina Bausch, da exacerbação física à exaustão do butô[56], aos trabalhos de superposição propostos pelo Wooster Group.

A instauração do campo mítico é ponto de partida para o trabalho de roteirização, de laboratórios e, finalmente, para apresentação e recepção do espetáculo.

O alcance desse estado, às vezes passageiro, é buscado ao longo de todo o processo (dos espetáculos ou *workshops*) servindo de base iniciatória para exercícios e progressões temáticas[57].

Algumas chaves para penetrar neste universo são o trabalho com estranhamento, técnicas de atenção e trabalhos de desequilíbrio (deslocamento).

Descreveremos, a seguir, algumas dessas técnicas e "portas de entrada", bem como seu suporte teórico.

4.2. PROCESSOS / PORTAS / INSTAURAÇÃO DE CAMPO MÍTICO

> *Here the Dormouse shook itself, and began in its sleeps*
> *Twinkle, twinkle, little bal!*
> *How I wonder what you're at!*
> *You know the song perhaps?*
> *I've heard something like it, said Alice*
> *It goes on, you know, the Hatter*
> *continued in this way:*
> *Up above the world you fly,*
> *like a tea-tray in the sky,*
> *twinkle, twinkle* [...]
>
> LEWIS CARROLL, *A Mad Tea Party*[58]

---

55 Experiências que se estendem à recepção do espetáculo, com ampliação de duração de cenas, alterações de cognição e superposição de efeitos (uso de uma *Gesamtkunstwerk* minimal). Descrito em Luiz Roberto Galizia, *Processos Criativos de Robert Wilson*, São Paulo, Perspectiva, 1986.

56 Trabalhos de exaustão física, de alteração de motricidade, de hipersensibilidade, de busca do mito superior.

57 Trabalhos específicos e técnicos para cada tipo de espetáculo. Uso de câmera lenta, *silent theater,* polissignia, interpretação contida em Magritte – *O Espelho Vivo*. Danças rituais, trabalho de desequilíbrio, técnica expressionista em *Sturm und Drang*.

58 Em *Revista Parábola*. Tradução livre (Miriam Palma) : "Então o Ratão sacudiu-se e começou a dormir / Pestanejar, pestanejar pequeno camarada! / Como eu gostaria de saber como você está! / Você, talvez, conheça a canção? / Eu ouvi algo assim, disse Alice / Lá vai, você sabe, o Chapeleiro / continuou seu caminho: / Sobre o mundo você voa como um pires no céu, / pestanejar, pestanejar [...]"

Apresentamos agora, sob a ótica do trabalho prático e da decorrente observação empírica os procedimentos pelos quais operamos e transitamos no espaço que estamos denominando "campo mítico".

Tal observação se dá a partir de um conjunto de trabalhos práticos agrupados sob o formato da oficina *Aktion* e de peças, *performances*, encenações, cujos resultados emergentes foram as peças *O Espelho Vivo – Projeto Magritte* (1986-1988) e *Tempestade e Ímpeto* (1990-1993).

Essa mediação foi operacionada na condução de espetáculos, organização de *workshops*, eventos, curadorias nas quais estava investido das funções de criador/roteirista, diretor, encenador e professor/condutor (no caso de oficinas)[59].

Alguns aspectos fundamentais da recepção e formulação conceitual, nesse trabalho fronteiriço arte/vida, operam-se em situações cotidianas, em oportunidades diversas das expressões cênicas[60].

A instauração do "campo mítico" e do *work in process* criativo junto ao grupo de trabalho (*performers*, criadores, participantes do processo) desdobra-se em três direções inter-relacionadas:

• Trabalho de fundo, subliminar, dimensionando o atuante em outra sintonia[61], por processos de imersão (física, psíquica, temporal), através de trabalhos de atenção, estranhamento, alteração de dinâmicas, possibilitando a emergência de conteúdos internos, a alternância de referenciais e, principalmente, a criação de um campo de sincronicidades.

• Trabalho de contexto pessoal, imbricando relações arte/vida através de dinamismos sobre mitologia/*leitmotiv* pessoal, delineamento de idiossincrasias e composição de personas autorreferentes.

• Trabalho cênico, encampando-se as mutações e as personas pessoais à textualidade cênica.

Tendo uma abordagem interdisciplinar, são conduzidos dentro dos referenciais, da linguagem (*work in process*, minimalismo, *self as context*) e do universo de permeação (parateatralidade, *performance*, ritualização, multimídia).

No contexto de atuação (para público), ocorrem na interface dança/teatro, *performance*/ritualização com dois repertórios: um básico, a partir da linguagem – técnicas rituais (tai-chi, kempô,

---

59 Na condução de *workshops* e na concepção de espetáculos geralmente estou apoiado por colaboradores e assistentes.
60 A tradução sufi e os trabalhos gurdjeffianos apontam essa possibilidade de "evasão" enquanto cidadão comum, de tornar-se "invisível" e, ao mesmo tempo, conservar um olhar destacado sobre os acontecimentos.
61 Trabalhos de contorno, de limpeza e abertura de campo, observados e descritos em inúmeras aproximações: caminhadas silenciosas nos grupos de Pina Bausch; jejum, câmeras lentas, trabalhos com peso em grupo butô; sessões de alongamento de tempo/espaço nas montagens de Bob Wilson e inúmeros outros exemplos.

ioga) –, trabalhos de câmera lenta, desequilíbrio, trabalho de *persona*/biomecânica (ver descrição a seguir).

A outra vertente é desenvolvida no *work in process* a partir de demandas específicas da montagem e de desdobramentos surgidos na pesquisa[62].

Essas dimensões de trabalho, justapostas, adensadas ao longo do processo, num percurso de inteireza/imersão[63], possibilitam o desencadeamento de um outro olhar e a instauração de um "campo mítico" enquanto sensação.

4.2.1. Processos de Estranhamento: Criação de Campo Mítico

> *Yes, you're changing, sonhusband, and you're turning, I can feel you, for a daughterwife from the hills again. Imlamaya. And she is coming. Swimming in my hindmoist Diveltaking on me tail.* [...] *Saltarella come to her own"*
>
> JAMES JOYCE[64], *Finnegans Wake*.

A noção de estranhamento como procedimento tem tido vários usos e leituras nos processos de configuração e representação: o familiar recalcado freudiano (*Umheimlich* = um [*heimlich*]), o interregno de consciência junguiano (portal de alteridades) e, mais próximo do universo teatral, o conceito brechtiniano de *Verfremdungseffekt* (*effect-v*).

Axioma do teatro político de Brecht, *o effect-v* insinua-se enquanto distanciamento da cena de catarse, como disruptor da "ilusão cênica".

Nossa intenção, no uso do estranhamento, é praticamente oposta. É a de perpetrar uma ruptura com habitualidades para, aí sim, inserir, e não distanciar, o participante ou receptor no "campo mítico"[65].

A seguir, dois exemplos de operação desse estranhamento; o primeiro para *performers*/participantes, e o segundo, relato de cena, com recepção de espectadores.

---

62 Trabalhos de imobilidade, campo de força, dança contemporânea em *O Espelho Vivo*. Estudos de danças rituais, extáticas (*Baratha Natyan, Odissi*) de referencial oriental em *Tempestade e Ímpeto* – pesquisa de mitologemas, cosmogonia budista e imanência romântica.

63 Essa imersão não se dá por horas de trabalho prático, e sim, por incorporação do espaço/tempo cotidiano. O tempo cronológico do processo criativo de uma peça vai de seis meses a um ano e o das oficinas cerca de um mês de trabalho.

64 "Sim, você está mudando, filhesposo, está se voltando, posso senti-lo, para uma filhesposa das montanhas de novo. Imlamaya. Ei-la que vem. Nadando em meu nebulonge. TrEmulando-me a cauda-longa [...] Saltarella vem ao que é dela" (em Augusto de Campos e Haroldo de Campos, *Panaroma do Finnegans Wake*, São Paulo, Perspectiva, 1986, fragmento 16).

65 Campo mítico enquanto campo do despertar, campo de ampliação de consciência, de experiência limite e não de mera emanação hipnótica.

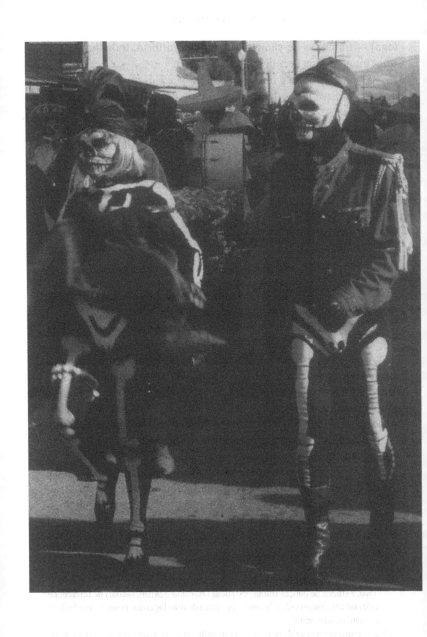

Passagem: Festa dos Mortos, Cidade do México.

Travessia (Câmera lenta):

Consigna: Trabalho realizado em salão amplo (20m-30m) com participantes dos dois lados do espaço. Em geral dispõe-se uma mandala quadrada (fita crepe) no centro do espaço. O trabalho é realizado à meia-luz, em silêncio, ou entremeado por música construtivista.

Pede-se, num primeiro momento, que os participantes simultaneamente (cada um a seu tempo, comandado por impulso interior) apenas atravessem a sala sem preocupação cênica e retornem ao seu lugar, no tempo mais longo possível em trajetória retilínea.

Num segundo momento, após a chegada de todos, pede-se uma repetição do trajeto num tempo duas vezes mais longo que o anterior. A saída, nesse segundo desenho, não é livre, devendo cada participante sair na ordem anterior e, teoricamente, repetir encontros e posições do primeiro movimento.

O tempo total desse trabalho varia entre trinta minutos e uma hora, dependendo de fatores como nível emocional do grupo (ansiedade, obstrução etc.), heterorregulação, dimensões de espaço e de participantes. Extremos como imobilidade, recusa de movimento, trajetórias lentíssimas, bem como variações da consigna (só uma saída por exemplo) são bem-vindos e demandam a presença de espírito do condutor que deve estar totalmente sincronizado com o "campo mítico" instaurado[66].

Repertório da tradição budista (meditação ativa realizada com os olhos semicerrados), a "travessia" é também repertório original de Bob Wilson (trabalhos iniciais da fundação Byrd Hoffman com grupos de fronteira – autistas, surdos-mudos, cegos) e inúmeros outros grupos.

Exemplo axiomático de criação de "campo mítico" enquanto espaço de unificação, de pulsação, de presentificação, de avolumação do "momentum", de abertura – pelo estranhamento de motricidade – de outros níveis de cognição e encadeamento dos fenômenos perceptivos[67].

O Espelho Vivo (*Museu de Arte Contemporânea, São Paulo, 1988*)

Cena: Dois *performers*, compostos como homens do chapéu coco magritteano (terno e gravata), atravessam em movimento maquínico, em câmera lenta, o espaço do museu, perpassando o público com o

---

66 Esse trabalho – segundo relatos – mobiliza profundamente os participantes, que, pela alteração radical de ritmo e motricidade, alternam percursos físicos externos, em suportes não habituais e intensos fluxos emocionais (às vezes em nível transpessoal), avolumados pelo campo subliminar instaurado e pela qualidade de presença. Quanto ao grupo, o que se observa é uma partitura, espontânea, quase perfeita.
67 Que estamos nomeando como *topos* da mente (corpo, emoção) dois: "irracional", intuitiva, não objetiva, mítica.

Magritte, O Espelho Vivo. Performers: Carlos Martins e Maurício Ferrazza. MAC/SP, 1992. Foto: Vina Essinger.

olhar em quarta parede, distante, quase ausente, sem contato focal com a plateia (ver foto p. 74)[68].

Essa passagem dos *performers* causou intensa comoção nos espectadores. Materializando o duplo[69], o maquínico, a sombra, o tema do andróide (anomia), presença fria, na cena quente do espetáculo, a cena magnetiza a estranheza no receptor que vivifica um entremeio de presença/vacuidade, fugacidade/eternidade no exíguo momento da passagem[70].

Trabalhos com uso de vendas, dinamismos alterados (giro sufi, quedas, hiperventilação) são outros exemplos de penetração no campo mítico pela via da fisicalização[71].

O campo do mítico, alcançado pelo aguçamento da atenção e pelo aquietamento da "trama de vicissitudes", é um trabalho dos sentidos[72]. O campo mítico, por nós ensejado, é sutil, silencioso e amplifica a produção e captação do invisível.

4.2.2. Look at Yourself: *Trabalhos em Campo Pessoal*

> *Aqui chegado a posteridade é insolência.*
> *a vida é vasta, estando ébria de ausência,*
> *o amargo é doce e o espírito claro* [...]
>
> Bob Pop Sche, *performer* da vida/colaborador

Trabalho que tem como contexto o referencial pessoal e que visa, através do incremento do nível de atenção, autopercepção e a ampliação de repertórios, adensar o campo idiossincrático do indivíduo.

---

68 A foto dá apenas um recorte distanciado do campo cênico criado.
69 Tema do duplo freudiano, espaço do estranho, do avesso, do familiar inesperado. Ver Miriam Chnaiderman, *Ensaios de Psicanálise e Semiótica*, São Paulo, Escuta, 1989, em desenvolvimento desse tema a partir da recepção do espetáculo.
70 Novamente o tema da travessia, metáfora da vida. A recepção desse campo e dessas sensações é sustentada por emissão subliminar de áudio-imagens, pela intensa presença (silenciosa, fria, sutil) dos *performers* e pela signagem magritteana, inteiramente favorável ao estranhamento.
71 Etimologicamente, em hebraico, o mítico (enquanto epifania), limiar do êxtase místico se origina dos radicais my-ien (fechar os olhos). Abertura de outros sentidos pela interdição do campo visual (mental) (a partir de comentários de Walter Renhfeld, "Cabala e Misticismo Judaico"). Existem inúmeras outras vias descritas (meditação, transe, silêncio) de ter acesso a este estado.
72 Distinto do teatro mítico, "irracional" dos anos 60, da desrazão, da exacerbação dos sentidos, de uivo (ver Anatol Rosenfeld, "O Teatro Irracional"), manifestação coerente com o momento contracultural dessa década. O "mítico sutil", por nós procurado, também demanda mecanismos de proteção (psíquica, física), com estabelecimento de egrégoras e também percorre, pela amplificação dos fenômenos e pelo percurso de fronteira, limites tênues e perigosos.

São suportes para essa abordagem representações autorreferentes (*look at yourself*[73]), trabalho de campos de força[74] – sobre *leitmotive* pessoais e desenvolvimento de mitologia pessoal[75].
A seguir, descrição de dois procedimentos típicos desse trabalho.

Day Life (*Trabalho de Atenção*)

Consigna: Atravessar o período de um dia com amplificação de atenção (lembrar do exercício), fazendo um registro (mental, emocional) dos acontecimentos numa sequência temporal cronológica. No dia seguinte, por rememoração, representar, em linguagem escrita, os acontecimentos.

Dia: 14.3.1991
Cidade: São Paulo
Pessoa: X

Mapa de configuração

11h – lavando pratos (lembro do trabalho)
8h – troquei fralda de criança (voltei para cama)
10:30h – E. saiu, foi ao supermercado
(não quero ir à universidade)
criança começa a chorar
telefono para G.
percurso para universidade
Biblioteca / renovação de livros
Xerox – Kantor (muito cheio)
Apartamento (local de trabalho)
13hs – 13:30 (?)
lanchonete (almoço) 14:00hs
volto ap. / olho relógio
16:30 – compro presente (Pamplona)
E. + A. (encontro – 17:00hs)
Conversas
Ap. (tomando banho)
E. telefona (1 hora)
Coloco roupa branca
ela roupa preta
telefone (S., C.)
20:00 – 20:30 ? – casa dos pais dela
choro criança
choro E.

---

73 Trabalhos veiculados numa linhagem autoral, que na *performance* eram denominados *self as context* (ver Renato Cohen, *Performance como Linguagem, op. cit.*).
74 Repertório de minha criação, desenvolvido no contexto das oficinas *Aktion*, consistindo na representação e posterior conscientização – em papel, material escultórico – de fluxos, devires, pulsões a que o operador está submetido.
75 Roteiro a partir das técnicas de Stanley Kripnner, James Hillman e do trabalho de figuras do inconsciente de Jung.

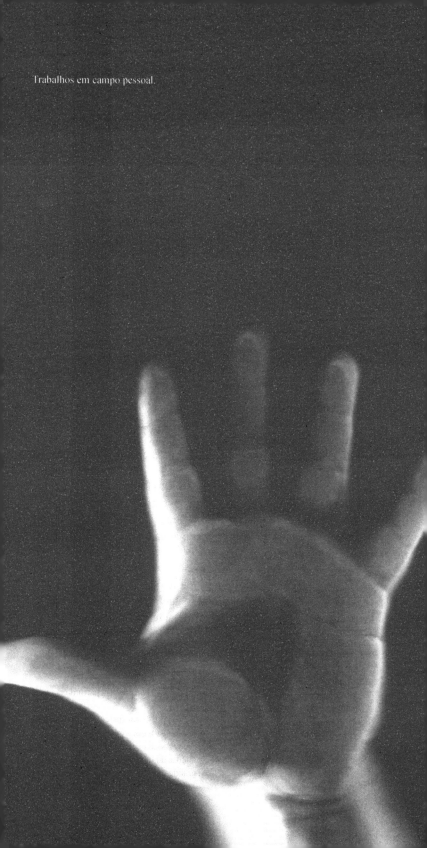

Trabalhos em campo pessoal.

22:30 jantar / restaurante G.
Agradável
00:30 volta para casa

A representação configura a linguagem, o nível de atenção e o olhar (subjetivo, objetivo, descritivo) do praticante[76].

No exemplo descrito existe uma organização temporal, um olhar mais voltado para fatos externos a uma organização por linguagem mínima.

Tal trabalho, de atenção, pertence, com variações, a repertórios gurdjeffianos, à antroposofia e outras tradições; instaurando um recorte no cotidiano e amplificando, pela prática, a qualidade de presença nos acontecimentos[77]. É eminentemente cênico (a cena da vida), caminha à luz do trabalho fronteiriço entre os *topos* vida/arte.

Mito Pessoal

Consigna: representação, em figura, de imagens internas e campo dinâmico de forças (ver figura – página seguinte).

Leitura da figura (decodificação primeira)[78]:

Homem-boneco (verde) – mãos curtas, *blind eyes* –, pés abertos, 4 fluxos (aquosos) – pés de pato.

Animal circular (porco-elefante). Preenchimento, rodamoinho, marrom, olho-chifre. Céu azul, espiral para direita (movimento de animal).

Decodificação segunda (conotativa): Homem-árvore, raiz na água, pouco movimento, pouco enraizamento (blindado).

Animal com movimento telúrico. Preenchimento do corpo. Céu referencial. Presença elementar (terra, água, céu – não fogo). Figuração desdobrada.

Esse recorte, exemplar, mostra o movimento de uma configuração "mítica"[79]. As possibilidades de leitura são as mais diversas possíveis, dependendo de *approach,* e ganham qualidade a partir do conhecimento do contexto pessoal do atuante e da abertura de estados

---

76 Derivações desse trabalho são o desenho de campo de forças a partir dessa inserção no cotidiano, representações icônicas, desenho de trajetórias, estados emocionais etc.
77 A grande trajetória épica mítica, do herói joyceano, é construída a partir do percurso banal, cotidiano, dos acontecimentos.
78 O trabalho de leitura foi desenvolvido com Sandra Tayar (psicologia profunda).
79 Stanley Krippner, em *Mitologia Pessoal*, demonstra que vemos sinais geralmente distantes dos mitos pessoais. O mito encobre-se, oculta-se, desloca-se com mecanismos similares aos descritos por Freud na análise do inconsciente. O passo seguinte, nesse procedimento, é a busca de algum grande mito – universal – evocado ou que referencie o enunciado.

Figura: Imagem interna.

Persona: Baratha Natyan (dança).

de consciência do receptor (visualização de "falas" do inconsciente, atos falhos).

O trabalho deriva para representações cênicas, performatizadas, de estados míticos pessoais (*persona,* ver 4.2.3) e, num segundo momento, para configurações universais que aproximam-se do roteiro de trabalho[80].

4.2.3. Personae: Trabalhos no Contexto Cênico

> *Quando o ventre escuro traz para baixo Baal*
> *Nada importa mais, porque Baal está farto*
> *E ainda guarda nos seus olhos tanto céu*
> *Que lhe sobra céu depois de morto*
>
> BERTOLT BRECHT, *Baal*[81].

A terceira frente visa a perspectiva cênica e de atuação em espetáculo.

O trabalho com os atores/*performers*[82] contextualiza-se no âmbito da linguagem (*work in process*, modernidade, campo mítico) operando-se através de trabalhos de presença (substancialidade, valoração da performance), atuações não naturalistas (expressionismo, pouco uso de vocalização, minimalismo) e exacerbação da idiossincrasia pessoal.

A característica do *work in process* – trabalhos não apoiados em dramaturgia, roteiros "em construção" – vai exigir dos atores/*performers* uma atuação própria às demandas da linguagem, com um percurso criativo distinto de muitos procedimentos teatrais.

O *performer* parte de referências da pesquisa, indicações do diretor/roteirista[83], vivências de laboratório para construir uma trajetória, que vai estar extremamente apoiada em sua idiossincrasia e percurso pessoal[84].

---

80 Em *Tempestade e Ímpeto*, trabalho com figura da deusa, do guerreiro, da morte, do encantamento.
81 B. Brecht, *Teatro Completo*, v. 1, tradução de Márcio Aurélio e Willi Bolle, São Paulo, Paz e Terra, 1987.
82 O *performer* acumula autoria e atuação; o ator opera mais próximo do campo do transporte, da representação (ver Renato Cohen, *Performance como Linguagem*, op. cit.).
83 Incluo nessa análise tanto trabalhos *work in process* guiados por encenadores (Tadeusz Kantor, Richard Foreman, Gerald Thomas entre outros) quanto *performances* em que a autoria e atuação estão acumuladas no *performer*: trabalhos de Joseph Beuys, Vito Acconci, Laurie Anderson, Cris Burden e inúmeros outros.
84 Vivendo-se quase uma situação de "hipernaturalismo", na qual, apesar de trabalhar-se num contexto de representação (conforme observação de Jacó Guinsburg), não se fala em personagens: a atuação/criação, a ocorrência configura-se naquele momento e pode tomar inúmeras direções.

Esse caráter autoral do atuante e o imbricamento dos contextos de vida e ficcional no roteiro/"dramaturgia" são áxiomáticos na criação do *work in process*. Tadeusz Kantor enfatiza esse processo: "quero criar e não recriar; produzir e não reproduzir". Para Welminski, "o ator não é o executante, mas sim o sujeito da obra, aquele que também cria o espetáculo. Não existe um papel destinado de antemão, ao contrário, o ator deve encontrar a si mesmo na totalidade da peça teatral"[85].

Nessa via de atuação o *performer* passa a carregar os *leitmotive* do roteiro que vão ser ampliados ou não dependendo da dimensão da construção[86].

O caráter amplificado e híbrido das figuras referenciais – mitos (o eterno feminino, "Everyman", a "Fúria" em *Sturm und Drang*, "Eletra"-"Molly Bloom", "Hamlet" – "Dedalus" – "Adão" nas montagens recorrentes de Gerald Thomas), personas (classe operária, a morte, o pároco – silhuetas de Tadeusz Kantor) e o uso de construções recortadas/disjuntivas (as atuações no teatro de Richard Foreman, as pantomimas sem fala, as falas sem corpo-*off*) vão exigir atuações exacerbadas e, ao mesmo tempo, fragmentadas com grande demanda de criação, histrionismo, presença[87].

Da mesma forma, o momento da atuação – para público – em trabalhos *work in process* está investido de características da arte *performance* – valorização do instante-presente, histrionismos, idiossincrasia, alternância de contextos, quebras com a representação (convenção), tomando rumos específicos a partir de cada direção[88].

O caráter formalista de grande parte das encenações contemporâneas, o uso de narrativas fragmentadas e múltiplas (que demandam construções não psicológicas) bem como a natureza híbrida e abrangente

---

85 A partir do depoimento de Andrzej Welminski, ator e colaborador do Actors of Cricot 2 (em Ana Francisco Ponzio, "Actors of Cricot 2 Defende Teatro Autônomo", *Folha de S. Paulo*, Ilustrada, 25 fev. 1994.)
86 Existem *leitmotive* concorrentes que vão ser concretizados na medida da criação do *performer*. Não existe, ao mesmo tempo, demandas de construção de personagens pré-indicados por uma dramaturgia. O roteiro é "vivo" e metamorfoseia-se, toma o curso das pulsões mais fortes.
87 Exigindo *performers* específicos para cada trabalho: o minimalismo gestual de Lucinda Childs com Bob Wilson, o expressionismo ritual de Beth Coelho nas montagens de Thomas, o trabalho fragmentado e histérico de Kate Manhein nas desconstruções de Foreman, o historionismo e o humor mental de Spalding Gray do Wooster Group.
88 No "teatro-ópera" de Kantor, de Bob Wilson (encenações iniciais) e Thomas, operações precisas, fragmentadas, sem linha contínua de emoção e suportadas em habilidades específicas (dança, pantomima, historionismo, ilusionismo). Em *Tempestade e Ímpeto* e o *Espelho Vivo* a atuação foi centrada na criação do "campo mítico" que exige extrema atenção, presença e continuidade ao longo de todo espetáculo. A persona investe-se também como suporte de galeria de figuras, de composições não miméticas, de estados cambiantes (conceito junguiano).

Persona: *Tempestade e Ímpeto*. *Performer*: João Andreazzi; Festival de Curitiba, 1993. Foto: Jairo Torres.

das figuras referenciais, fazem com que o trabalho da atuação seja antes uma operação com personas do que com personagens[89].

Como persona entendemos encadeamentos, corporificação de seres mitológicos, estados de passagem e figurações não realistas.

Este trabalho está apoiado em elaborações construtivistas, no conceito da biomecânica de Meyerhold, nas composições expressionistas (exógenas, não psicológicas, a partir da forma, figura, *gestus*, emanação), na dança gestual de Dalcroze, Mary Wigman e Merce Cunningham, entre outros referenciais.

A seguir, relação de personas acumuladas pelos *performers* em *Tempestade e Ímpeto* (ver itens 3.5). Cada *performer* carrega dois níveis de significação, um nível humano e um nível mitológico.

Campo de Personas

Performer 1 (Jutilde Medeiros): Kali/Durga/Fata Morgana/anjo/beggar 4

Performer 2 (João Andreazzi): Shiva/Baal/Scaregrow/beggar 3

Performer 3 (Mariela Nobel): Entidade da Floresta/Eterno Feminino/Anima/Condutora/*Anjo/Baal* (Sophie)

Performer 4 (Fernando Lee): Shiva (duplo)/ Baal (duplo) /Condutor/Animus/Beggar 2

Performer 5 (Lali Krotozinski): Entidade da Floresta/Anima/Anjo/Parvati/Beggar 1.

Foto: Persona (Beggar, Animus)

Outros trabalhos de suporte para a atuação cênica:

Trabalho de Desequilíbrio / Deslocamento

O desequilíbrio, pela via corporal e emocional, é um dos mecanismos de inserção do praticante no campo da linguagem (mítica).

Trabalho de giros, desequilíbrios, uso de vendas, alteração de labilidades e motricidade são exemplos dessa intervenção.

Franco Ruffini[90], a partir da análise de danças e manifestações de tradição oriental (Ópera de Pequim, Balé de Java, Kathakali), observa repetições que estabelecem uma lei do desequilíbrio partindo dos seguintes dinamismos: alteração de balanço/equilíbrio, incisão em situações extremas em nível físico e emocional e, pela dinâmica de opostos (leve / pesado / sutil / denso etc.).

---

89 Como observa Jacó Guinsburg, a persona também é a cristalização de alguma marca no plano representacional de estados imaginários ou formalizados. Carrega, em relação ao conceito de personagem (referencial, textual), um maior grau de fugacidade, transitoriedade. A persona investe-se também como suporte de galeria de figuras, de composições não miméticas, de estados cambiantes (conceito junguiano).

90 Em André Helbo (org.), "Antropologycal Approach", *Approaching Theatre*.

Trabalhos de Dança Ritual / Campo Sutil

Trabalhos que visam, pela repetição, exaustão ou vibração colocar o praticante num limiar mais sutil (menor intensidade de pensamentos, corpo-emoção apaziguados sem oscilações de euforia e depressão).

Nesse grupo incluem-se trabalhos de bioenergética (exaustão), dinâmicas da tradição oriental (vibração da Kundalini, meditação ativa, ioga) e repertórios da arte-*performance* (trabalhos de *body art*, *body as context*).

Trabalhos de Risco / Limites

Trabalhos do repertório da *performance* que envolvem situações limites, tanto em nível físico quanto psíquico, experiências de fronteira (ritos de passagem) e operações fora do contexto da representação.

Trabalhos de Eros

Trabalhos de mobilização, sensitividade que resultam em ampliação do campo energético e idiossincrático[91].

A vibração da *Kundalini*, as danças extáticas, os trabalhos da bioenergética são algumas formas de conexão com esse estado.

O trabalho de eros-mediador, eros-colador, é fundamental na operação dos opostos. É a função emotiva, afetiva, que organiza sintaxe por vias da conectividade (refere-se à função conativa de Roman Jakobson).

4.3. RECUPERAÇÃO DO SÍMBOLO E CENA DO *MYTHOS*

O território "irracional" e as operações de mitificação por nós descritas, assim como a função de deslocamento várias vezes destacada, apontam para a busca de uma signagem e, em última análise, de uma cena ambivalente, uma outra cena, que recupere o sentido ontológico e a completude da representação.

A cena que valorize o símbolo (da descrição de Durand) com toda sua dimensionalidade, do visível e do invisível[92] do manifesto e do informe, e a cena da ultrapassagem, do supernatural, com capacidade de transcendência e possibilitação de cognições amplificadoras.

---

91 Hillman (*Psicologia Arquetípica, op. cit.*) mostra, retomando os mitos, que os caminhos da Psiquê (dinâmica da alma, do *self*) são inseminados por Eros.
92 A questão do invisível (Merleau-Ponty), dos índices, rastros de passagem, é destacada neste trabalho em que inserções epifânicas ou, de forma mais simples, certos climas instaurados na cena, às vezes subliminares, são sentidos, captados pela mente subjetiva, e não visíveis na representação formalizada.

O trabalho em processo e a delimitação de uma "cena mítica"[93] têm como metáfora a própria busca alquímica do *opus*, meta teológica de transcendência, da superação da escala fenomenal e das materializações em seu estado de latência (prima-matéria).

---

93 Parte dessa tentativa, além do exposto, foi materializada numa transposição mais direta (cênica) nos espetáculos *O Espelho Vivo* e *Tempestade e Ímpeto*.

Anexos

Anexos

ÍNDICES DE PASSAGEM / MATERIAL MITOLÓGICO (*CAPTURE*)

As imagens relacionadas apontam índices de passagem no caminho do *mythos*

Figura 1:
Imagem Interna (Mandala de Proteção) – Produção: Renato Cohen

Figura 2:
Imagem Interna: L'echassier – Produção: Carlo (1916) – "Arte Bruta"

Figura 3:
Caligrama – Glint of a Sword – Kenko (Shinzan, 1982)

Figura 4:
Zenga (Zen Painting) – Ikkiu – Bell Tower al Twillight –Ilustração e San (Caligrama da meditação) – (Monges do Templo do Daitoku-ji – Antigo)

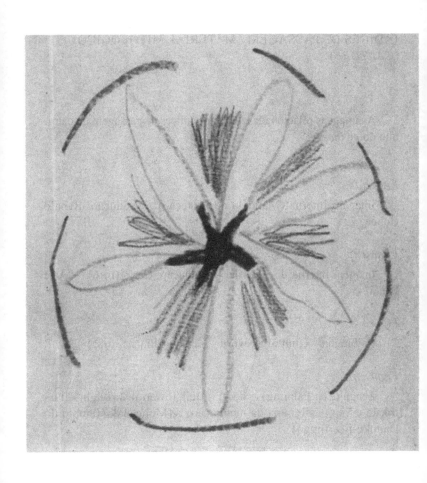

Mandala de força e representação concêntrica.

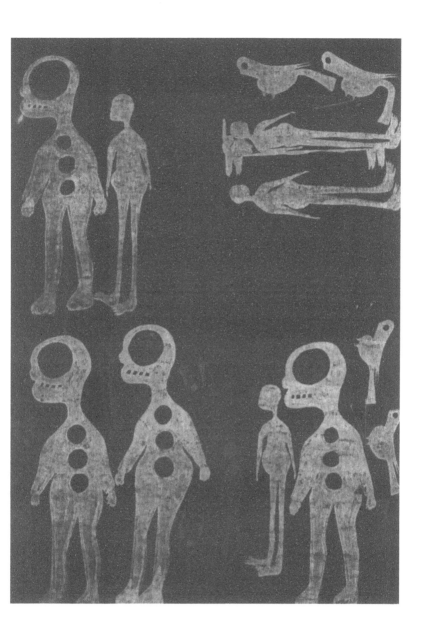

Imagem interna – arte bruta.

Caligrama irradiador.

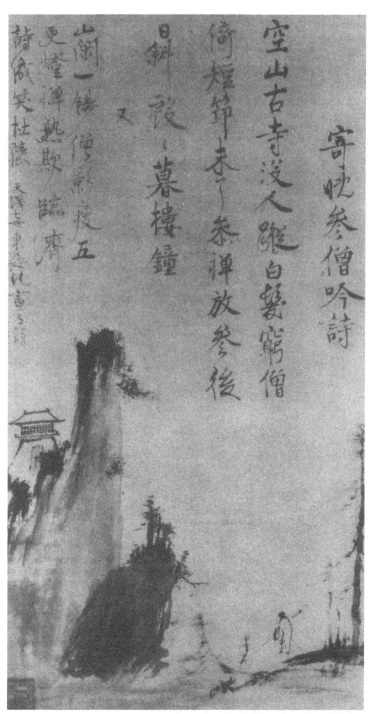

Escritura de *empowerment*.

5. Teatro do Environment: Questões da Encenação / Formalização

I define Play. Play as collage. Play as altered state. Play as environment. Play as story. Play as mixed media assemblage. Play as charting thought. Play as sharing information. Play as a reassurance of the present. Play as the Dreamtime. Play as landscape. Play as the panic state. Play as testimony. Play as memory. Play as tantrum...

Matthew Maguire[1]

A etapa da encenação/formalização marca o momento de "fechamento" do *work in process* criativo.

Essa transição processo-produto ocorre dentro dos limites da linguagem, ontologicamente ligada à noção de reiteração, progressão, metamorfose.

Trabalhos diversos como *performances*, eventos, intervenções, *Aktions*, peças – contextualizados dentro do universo teatral e parateatral[2] – vão passar, de uma forma mais ou menos formalizada, pela etapa final da encenação/presentação.

---

* Foto: *Magritte. O Espelho Vivo*. MAC/SP, 1992. Foto: Vina Essinger.
1 Diretor americano da Creation Production Company (Em *Drama Review*, 27 abr. 1987). Tradução livre: "Eu defino peça: Peça como colagem. Peça como estado alterado. Peça como uma construção *mixed-media*. Peça como permeação de pensamentos. Peça como dar informações. Peça como ressurreição do presente. Peça como tempo de sonho. Peça como paisagem. Peça como tempo estruturado. Peça como meditação. Peça como estado de pânico. Peça como testemunho. Peça como memória. Peça como tantra…"
2 Universo da representação/presentação – diverso do contexto ordinário da vida – na medida em que implica recepção arbitrarizada, ações previamente deliberadas e signagens amplificadas. Jacó Guinsburg (*O Teatro no Gesto*, São Paulo, Polímica, 1980) considera o fato cênico apoiado na tríade atuante, texto, público.

As *Aktions* de Joseph Beuys e grupo Fluxus, as interferências urbanas do Squat Theatre e do *performer* Vito Acconci, as *performances* de Gina Pane, Bruce Nauman e Cris Burden, as peças de encenadores contemporâneos como Foreman, Kantor ou Thomas – trabalhos estes, entre inúmeros outros exemplos, que têm em comum a criação pela via do *work in process* – enfatizam, enquanto obras abertas, as questões da transição processo/produto[3].

No *work in progress* a obra vem sendo gestada ao longo de todo percurso – criação e formalização/encenação estão imbricadas – como fotogramas de transição[4].

O momento principal que marca a passagem – criação-formalização, processo-produto – é o da apresentação para público, exógeno ao *environment* criativo, instante de alteração do contexto de significações[5].

O movimento da encenação/formalização perpassa inevitavelmente pelas questões da representação, convenção[6].

Tentativas de subversão dessa ordem, criando ambiguidades entre os contextos ficcional/de vida, exacerbando situações paradoxais que busquem a aproximação com a ordem fenomenal e a superação da vivência ordinária, são premissas ontológicas das expressões da *avant-garde* e do movimento da *live art*[7]: dos *happenings* sem público de Allan Kaprow[8] às inúmeras ações/*performances* – incisões artísticas no contexto da vida[9], da concepção do *agit-prop* da vanguarda

---

3   O produto do *work in progress* é o da "obra em acabamento", transmutação: a teoria da escultura de Beuys, das operações em metamorfose às montagens de Foreman, Thomas com *leitmotive* que se alteram ao longo da temporada ou se entremeiam de uma peça para outra – como a própria trama da vida – são exemplos axiomáticos dessa produção.

4   Procedimento distinto de certas operações teatrais que têm origem em dramaturgia (latência) e vivificam a obra apenas enquanto representação.

5   A presença da audiência, exógena, instaura, qual intervenção edípica, uma recontextualização da obra enquanto espaço estético, ficcional, rompendo as ambiguidades – contexto vida/contexto cênico – que incidem, por via da *participation mystique* (Edinger, *Anatomia da Psique – O Simbolismo Alquímico da Psicoterapia*, São Paulo, Cultrix, 1990), em processos de intensidade criativa. O teatro da crueldade de Artaud reitera essa intensidade e ambiguidade – enquanto contaminação – inserindo a audiência nesse estado paroxístico. Grotowski, na sua fase mais recente, encerra as apresentações para o público visando a ininterrupção dessa intensidade ritualística, evocativa. Nessa mesma via, nossa busca em *Tempestade e Ímpeto* foi a de inserir a audiência, a partir da encenação e atuação, no estado de intensidade e presença que denominamos como "campo mítico".

6   Representação enquanto transporte, veículo de significação. Convenção enquanto modelo de codificação.

7   Rose Lee Goldberg (*Performance: Live Art from 1909 to the Present*, London, Cox and Wyman, 1979) agrupa sob o termo *live art* expressões que enfatizam o instante, o acontecimento, o momento presente.

8   Ações solitárias e artísticas com posterior relato/documentação.

9   Marina Abramovay e Ulay (*performers* iugoslavos) atravessam o mundo – em direções opostas Oriente-Ocidente – encontrando-se com aperto de mãos na Muralha da China.

russa[10] à tentativa exacerbada de eliminação do objeto (suprematismo, abstracionismo), do pastiche dadá ao supernaturalismo surrealista, entre outras tentativas de superação da representação e a elevação da experiência original.

A inserção do "erro"[11], do elemento de risco, do fugidio – no momento da apresentação[12] é premissa da cena do *work in process* imbuí-da do espírito das vanguardas e das expressões da *performance*: a *ocurrence art* de John Cage – escolhendo partituras ao acaso no momento da apresentação, as teorias da deriva situacionista[13] – com imediato desdobramento artístico, as *performances* cênicas de Spalding Gray do Wooster Group[14] são exemplos da apropriação do erro, do acaso revelador/desvelador, inspirados, mais remotamente, nas aproximações transversas do zen-budismo.

No contexto das encenações contemporâneas – extremamente formalizadas com "amarrações/marcações" fortes da direção/encenação – a inserção do impreciso, do momento do "erro" acontece de forma tênue com algumas variáveis abertas. Em *M.O.R.T.E.* (Gerald Thomas, 1991), a encenação comporta cinco minutos diários de imobilidade, confronto mudo entre atuantes e plateia[15]. Em *Tempestade e Ímpeto* a condução do espetáculo, ancorada subliminarmente em trilha sonora, está apoiada numa partitura fônica aberta[16].

---

10 Multidões reconstruindo fatos históricos, épicos. Evreinov encena, *in loco*, a tomada do Palácio de Inverno pelos bolcheviques (Jacó Guinsburg, "Evreinov e o Teatro da Vida", *Folha de S. Paulo*, Folhetim, 31 mai. 1981).
11 "Erro" enquanto espaço do vivo, do novo, do não previamente conhecido. Fugindo da escala teatral em que já se conhece a trama – pela dramaturgia – ou se assiste, em alguns casos, a marcações excessivas da direção ou atuações que exacerbam o plano da representação. A inserção do elemento "erro" corrobora, no universo artístico, o princípio da incerteza/indeterminação de Heisenberg, que rompe com o paradigma do determinismo.
12 Presentação enquanto instante presente, momento, em oposição a representação, rememoração, alusão a tempo-espaço pretérito.
13 Andar errante, olhar estrangeiro. Aquele que brinca, estranha, se desidentifica (ver Guy Debord, "Théorie de la dérive", *Óculum*, 1993). Debord propõe procedimento de derivação de andares errantes, visando provocar desterritorializações, desconstruções físico-psíquicas.
14 Fazendo apresentações em que intercalava diversas narrativas/relatos, a partir de sorteio ou demanda do público.
15 "o ápice de toda a peça é a grande 'Escultura Extática' improvisada no palco: a morte em efígie de todo o elenco, que para, petrificado, em cena aberta, [...] [...] os intoleráveis minutos da insólita peça para piano de John Cage, capazes de enervar o auditório e deslocar o proscênio para a plateia, transformando o público numa assembleia de atores desnorteados" (Haroldo de Campos, "A *M.O.R.T.E.* e o Parangolé", *Folha de S. Paulo*, Ilustrada, 14 fev. 1991).
16 As cenas seguem uma trilha pré-gravada, porém de duração aberta, com o tempo alterando-se a cada noite conforme o instante, a recepção, a inspiração de algum *performer* ou vicissitudes do momento como a presença da chuva, impedindo,

transgressão é a principal característica da obra de Arte e, a partir daí sua invenção contra o real. O teatro traz na essência a modificação dos atos perceptivos do receptor. O jogo teatral traz, inelutavelmente, a situação artificial.

É essa característica que torna a "leitura" pelo espectador, imprescindível[17].

5.1. *SIGNAGENS, GESTUS*, AÇÕES: O DISCURSO DA *MISE-EN-SCÈNE*

O *topos* da encenação é o da justaposição e espacialização (*mise en place*) de todos os elementos da operação cênica[18]: atuantes, cenários (*environment*), textos (tramas de *leitmotiv*), imagens, ruídos, partituras, são estruturados[19] e passam a vivificar uma retórica de signagens e significações: o discurso da *mise-en-scène*[20].

Essa retórica segue, basicamente, três discursos superpostos: o ritmo linguístico, a ação física e o fluxo de imagens e signagens (ícones[21]).

Nesse *topos* polissêmico (falas, índices, climas e nuanças invisíveis – mas alcançadas pelos sentidos – silêncios) –, espaço da

---

dessa forma, o congelamento do espetáculo e a coreografização dos movimentos. O diretor intervém, na cena viva, junto com o operador da mesa, intercalando e escolhendo os tempos das várias fitas, participando, dessa forma, do ritmo sensível e sensório do espetáculo.

17 Richard Demarcy, "A Leitura Transversal", *Semiologia do Teatro*, Perspectiva, 1988.

18 Incluímos nesse recorte operações teatrais (peças contemporâneas) e parateatrais (*performances*, *Aktions*, intervenções), a partir de contexto de representação/ presentação.

19 A natureza multimidiática das encenações contemporâneas (interlinguagem) aproxima a busca dos ideais da *Gesamtkunstwerk*. Essa estruturação, na cena contemporânea, geralmente é paratáxica, com muitas operações simultâneas – desvinculando-se da organização sintagmática do teatro clássico (texto e ação dramática do ator enquanto preponderância).

20 Segundo nomeação de Patrice Pavis, "Performance – Notes Toward a Semiotic Analysis", *The Drama Review* 84, s/d, pp. 93-104).

21 Elaborado a partir de criação de Patrice Pavis (*op. cit.*). Contemporanea-mente, enquanto ritmo linguístico como preponderância, apresentam-se espetáculos com superposição de falas, fragmentos, discursos cerebrais (tipicamente a cena de Richard Foreman). O teatro da ação física é hoje, basicamente, o teatro com eminência do ator – enquanto corpo, presença. Essa linha de atuação é hoje denominada teatro físico (magnificamente representado por Steven Berkoff – *One Man* – no Festival Internacional de Teatro, São Paulo, 1994). A cena da imagem caminhou para aquilo que Bonnie Marranca (*The Theatre of Images*, New York, Drama Book Specialists, 1977) denominou "teatro de imagens", expressão que tem em Bob Wilson sua realização paradigmática.

semiosis – se instaura uma signagem complexa[22], arbitrária, imbuída das especificidades e ambiguidades da linguagem teatral[23].

O transporte sígnico (enquanto representação) remonta às operações de Sausurre – num eixo dual: significante-significado (forma-sentido[24]) – e às formulações peirceanas, operações triádicas que enfatizam a relação com o objeto (signo – objeto – interpretante [código]) e o nível dessa representação (ícone – índice – símbolo[25]).

Pavis destaca o fluxo, a dinâmica e a mutabilidade das significações na operação cênica, a partir de operações de condensação (metáfora) e deslocamento (metonímia) de signos, introduzindo o receptor numa cognição ambivalente que extrapola o nível do discurso verbal ou da *Gestalt* das imagens aparentes[26].

Essa cognição ulterior é premissa dos espetáculos minimalistas de Bob Wilson, pontuados por movimentos disléxicos, falas abruptas, intercaladas, e uma partitura subliminar que estabelece um discurso emocional, ao fundo.

Os trabalhos do Wooster Group e do Mabou Mines são constituídos de signagens mutantes, pela ressignificação[27].

A característica dos trabalhos *work in process* – apoiados em *storyboard*, processo, trama de *leitmotive* – em contraposição com a

---

22 Jacó Guinsburg e Teixeira Coelho Netto ("A Significação no Teatro", *Semiologia do Teatro*, São Paulo, Perspectiva, 1988) falam em hipersigno, o hipersigno teatral, signagem ampliada a partir de superposições de *Gestalt*: classificação construída a partir de analogia com geometrias que extrapolam a ordem euclidiana. A signagem cênica é mutante, híbrida (várias funções sobrepostas) – construto de superposições e simultaneidades –, distinta da signagem ordinária do contexto cotidiano (apesar do ilusionismo causado pela cena naturalista). Richard Shechner ("Postmodern Performance: Two Views") fala num *multiplex code*, enquanto recepção, complexidade amplificada pela intermídia e uso de tecnologia na cena contemporânea.

23 Espaço de presença (atuação ao vivo, fisicalidade, materialidade dos objetos, cenários) e de ausência (fábula, ficção, outro tempo). Do *real time* x tempo da ficção. Ambiguidade (Magritte, *Ceci n'est pas une pipe*) que é exacerbada na cena contemporânea.

24 A dialética forma/sentido é objeto de experimentação ao longo da modernidade: da elevação do valor do significante (poesia concreta) à eliminação das relações de sentido (dadá) , e à busca de novos logismos, aliterações de sentido (surrealismo).

25 Os trabalhos dos suprematistas visando a eliminação do objeto e operações não miméticas de representação visam subverter essas relações com o real.

26 "The very variable rhythmical style, while the precision of its associational codes, including the Leit Motif, functions as a sort of automatic pilot for the spectator and brings about a perception of the performance at a nonverbal, subconscious level" (em "Notes Toward a Semiotic Analysis", *op. cit.*, p. 103). Tradução livre: "O mais variável estilo rítmico, enquanto precisão de seu código associativo, incluindo o *leitmotiv*, funciona como um tipo de piloto automático para o espectador e traz a percepção da *performance* pelo não verbal ao nível subconsciente".

27 Em *Shaggy Dog Animation* (Mabou Mines, 1978), Rose é um cachorro, que é representado por uma boneca, por uma voz, por uma imagem (ver "Trans Semiotic Analysis: Shaggy Codes", *The Drama Review* 22, 1978, p. 3).

cena teatral apoiada em dramaturgia – faz com que essa linguagem ocupe o *topos* paroxístico da encenação.

Essa cena aproxima-se, dessa forma, das proposições dos teatra-listas – Gordon Craig, Appia, Meyerhold, entre outros, do teatro limite de Antonin Artaud –, com o privilégio das totalizações cênicas ante o discurso de palavras ou o "teatro pobre" dos atores[28].

O aspecto ontológico da cena teatral – a presença, o confronto vivo – é colocado de forma ambígua na cena contemporânea através de operações de mediação[29], simulação e edição.

O *vocoder* de Laurie Anderson (voz ao vivo e amplificação, alteração, simulando anterioridade, pré-gravação), as vozes microfonadas e o filó, em espetáculos de Richard Foreman[30] e Gerald Thomas, com a função primeira de mediar palco e plateia, os *performers* com gestua-lidade maquínica e olhar em quarta parede de Magritte (*O Espelho Vivo*) são exemplificações paradigmáticas dessa presença mediada.

Seguindo o paradigma de Derrida "absence of presence" e os mecanismos de simulação/simulacro denunciados por Baudrillard[31], com réplicas / replicantes, duplos que se metamorfoseiam e superam seus originais, numa recuperação de figurações românticas (o andróide) e das ideia de Kleist e Gordon Craig (teatro das *sur-marionettes*), a cena contemporânea exacerba o *Verfremdun-gseffekt*, o estranhamento cênico, num movimento que, em vez de eliminar o teatro, o eleva aos domínios do *Zeitgeist* contemporâneo, pleno de vozes mediatizadas, amplificadas (a voz da mídia) e dos paradoxismos de virtualidade e realidade, figurações concretas e imaginárias.

5.2. TEATRO DO *ENVIRONMENT*: CONSTRUÇÕES NO ESPAÇO / TEMPO

> we already live out the aesthetic hallucination of reality.
> Today, the real and the imaginary are confounded in the
> same operational totality, in the black box of the code.
> Surely this must mean the end of the theatre of representa-
> tion – the space of signs, their conflict, and their silence.
>
> JEAN BAUDRILLARD[32]

---

28 Como o *work in process* de Foreman, Kantor, Pina Bausch, todos encenadores, com exceção de Beckett, dramaturgo / encenador.
29 Ver Roger Copeland, "The Presence of Mediation", *The Drama Review* 34, 1990, p. 4).
30 Copeland (*op. cit.*) compara *Paradise Now* (1968), do Living Theatre, espetáculo da presença, do corpo, da interferência – emblemático dos anos 60 – com *What did He See* (1988), de Richard Foreman, cena referencial dos anos 80.
31 Jacques Derrida, "The Theatre of Cruelty and the Closure of Representation", s/r/d. Jean Baudrillard, *Simulacres et Simulations*, Paris, Galillée, 1981.
32 *Na Sombra das Maiorias Silenciosas*, São Paulo, Brasiliense, 1985. Tradução livre: "Nós já vivemos sem a alucinação estética da realidade. Hoje, o real e o imaginário

Em relação à localização, fisicalização do espaço-tempo da encenação, podemos nomear uma cena do deslocamento – o "teatro do *environment*"[33] – apropriação do espaço urbano, dos contextos cotidianos, a partir do efeito da espetacularidade do mundo[34] e do espalhamento da artisticidade enquanto olhar estetizante[35].

Esse deslocamento para espaços incomuns à objetivação artística tem origem nas experimentações das artes plásticas – instalações, *environments*, *land art*[36] – e nos conceitos da arquitetura moderna (Bauhaus, Frank Loyd Wright, Le Corbusier) de apropriação do espaço público enquanto *topos* da artisticidade[37].

A montagem histórica de Robert Wilson (*Ka Mountain Guardenia Terrace*), no Festival do Irã em 1972[38] – experiência de espaço-tempo, com duração de sete semanas, *happening-performance* (prioritariamente realizados fora dos museus e espaços da "arte-arte") –, o teatro de espaços invadidos do Squat Theatre e, contemporaneamente, os eventos que têm a cidade como objeto[39] são derivações a partir do conceito de *environment* como contexto.

Na cena contemporânea, espetáculos limites como *Viagem ao Centro da Terra* (Karman, Donasci, 1992) – cena multimídia no túnel em construção sob o Rio Pinheiros –, *Tempestade e Ímpeto* (encenado em bosques, florestas) e as experiências do La Fura Dels Baus e de Andrei Serban (*Trilogia Antiga*) em espaços poligonais buscam, nessa fuga do edifício-teatro, instaurar outras verossimilhanças no transporte sígnico, criando ambiguidades nas relações clássicas da

---

são confundidos na mesma totalidade operacional, na caixa de códigos. Certamente isso deve significar o fim do teatro de representação – o espaço dos signos, seus conflitos e seu silêncio".

33 "Teatro ambiental". Termo cunhado por Richard Shechner e Theodore Shank, nos anos 60, a partir da emergência do conceito de *environment* (Buckminster Fuller) e da observação dos espetáculos do Bread & Puppet Co., do Environmental Theatre e da Fiji Company, entre outros (ver Theodore Shank, *American Alternative Theatre*, New York, Grove, 1982).

34 "O Grande Teatro do Mundo", "o real enquanto obra de arte" (ver Eduardo Subirats, *A Cultura como Espetáculo*, São Paulo, Nobel, 1989).

35 O "olhar viajante", o olhar significante (ver Sérgio Cardoso, "O Olhar Viajante (do Etnólogo)", *O Olhar*, São Paulo, Cia. das Letras, 1988).

36 Walter de Maria, num dos trabalhos mais emblemáticos e referenciais da *environment art*, instala, no Novo México, seu *Lighting Field* (1971-1977), corpo de para-raios que cria, artificializa, um embate com a natureza (descrito em Marco do Valle, "A Condição do Deserto", *Óculum*, 1993).

37 Espaço de deriva, elevação, lazer.

38 Descrito em Robert Stearns, *Robert Wilson – From a Theater of Images*, Cincinnati, The Contemporary Arts Center, 1980.

39 Allione & Garosi, "The Medium we considerer is the city of Turin", s/d. Brissac Peixoto cria o evento Arte-Cidade: "a situação não é de uma localização, mas um deslocamento. Tudo que temos é um não lugar, uma nebulosa [...] onde se pode fincar pontos de referência" (ver Material Fonte).

Tempestade e Ímpeto. Performer: Henrique Stroeter.

representação – pela alteração de contextos – e, inseminando, nesse deslocamento, outras cognições e participações da recepção[40].

Esses espetáculos, numa retomada da cena ritualística artaudiana, suprimem as separações estáticas palco-plateia, inserindo o espectador na "quarta parede", em relação mítica, imaginária, concreta, numa exacerbação das potencialidades da teatralização.

A fisicalização da cena (bosque, túnel, banheiros), a busca de signagem concreta e não simbólica (no sentido peirceano), quase que numa teatralização "hipernaturalista", muitas vezes amplificada por situações reais, de risco, fora do contexto da "representação" colocam o espectador, e o próprio atuante, numa confrontação mítica, ritualística com a obra, descartando a mera observação estética, a segurança do distanciamento.

Nessa reterritorialização, o teatro do *environment*, justapondo "pedaços de realidade" com metáforas sígnicas, persegue outras transposições (numa luta com o paradoxo da representação) e propõe outras aproximações no limiar arte/vida.

5.3. A CENA TRANSVERSA: CONSIDERAÇÕES SOBRE O *ZEITGEIST* CONTEMPORÂNEO

> *Modernity is the transitory, the fugitive, the contingent, the half of art, of which the other half is the eternal and the immutable...*
>
> CHARLES BAUDELAIRE, *Les Fleurs du Mal*[41]

A emissão contemporânea é marcada pela sobreposição, simultaneidade, encontro dos múltiplos, criando – qual Janos mitológico – estruturas bicéfalas, nas quais os opostos não se alternam, permanecem justapostos[42].

---

40 Shechner, no seu "Axioms for Environmental Theatre", aponta as seguintes direções: misturar contextos de arte e vida, criar *founded spaces*, usar focos dramáticos flexíveis e variáveis, utilizar todos os espaços enquanto uso do público e dos *performers*, o texto não é a cena, nenhum elemento (atuantes, partituras, objetos) tem preponderância.

41 *Apud* Matei Calinescau, *The Five Faces of Modernity*, North Carolina, Duke University Press, 1987. Tradução livre: "A modernidade é o transitório, o fugitivo, o contingente, a metade da arte, da qual a outra metade é o imutável".

42 Essa sobreposição, antes de apontar versatilidade, estabelece um território de disrupção e, em alguns casos, anulação, correspondendo, na linguagem alquímica, a *conjunctio* negativa, do hermafroditismo, a lunação (sol + lua) (ver Marie Louise von Franz, *Alquimia*, São Paulo, Cultrix, 1985). Jencks (*The Language of Post--Modern Architecture*, London, Academy Editions, 1977) fala numa arquitetura intencionalmente esquizóide: "the building most characteristic of Post-Modernism show a marked duality, conscious schizophrenia".

Robert Mapplethorpe, *Autorretrato*. Nova Iorque, 1988.

O paradoxismo e a ambiguidade marcam o *Zeitgeist* contemporâneo, num *environment*[43] em que as antinomias efêmero/eterno, real/virtual, sublime/banal, presente/ausente, material/imaterial são apresentadas de forma simultânea[44].

A contemporaneidade, em termos episódicos[45], é marcada pela transição do moderno para o pós-moderno – nomeação periódica que abarca as "esferas" tradicionais (ciência, moral e arte) e seu desdobramento no espaço público e nas disciplinas cotidianas (socialidade, *divertissement*)[46].

A conjunção de condições específicas – avanço tecnológico, expansão do capitalismo de corporação (empresas transnacionais) e amplificação do espaço de reverberação da mídia (enquanto "editora de realidades") coloca no âmbito público (*mass-media*) os avanços de linguagem da *avant-garde*[47] e as contradições e conquistas da modernidade[48].

A cena que corresponde a esse *Zeitgeist* da simultaneidade, do fragmentário, do múltiplo é marcadamente transversa, assimétrica[49],

---

[43] Utilizamos, aqui, o termo *environment* enquanto ambiência, cenário, tanto no sentido físico quanto psíquico, imaginário.

[44] Na mídia, na publicidade, na moda, na arte, que formam a paisagem mediatizada, a "realidade" de contorno. Michel Maffesoli (*A Conquista do Presente*, Rio de Janeiro, Graal, 1985) aponta a relevância destes segmentos autóctones enquanto construção do imaginário contemporâneo.

[45] Décadas de 80 e 90. Utilizo a terminologia corrente "contemporâneo" que designa basicamente uma cronologia (o agora, o atual), distinguindo-se da classificação estilística (moderno/pós-moderno) ou da nomeação de era (modernidade).

[46] Ver Jürgen Habermas, "Modernidade *versus* Pós-Modernidade", *Arte em Revista*, 7, 1993. A existência de um período pós-moderno (terminologia hoje em desuso) é extremamente discutida: para Jameson, da escola neomarxista, trata-se de uma rotulação cênica do sistema visando reciclagem e consumo (ver "Post Modernism and Consumer Society", *The Anti-Aesthetic*, Washington, Bay Press, 1983). Habermas (*ibid.*) e Susi Gablik ("Has the Modernism Failed?") apontam a tendência pós-moderna enquanto impossibilitação dos cânones da modernidade. Lyotard ("Answering the Question: What is Post-Modernism", *Inovation/Renovation: New Perspective on the Humanities*, Wisconsin, University of Wisconsin Press, 1982), entre outros, vê esse período enquanto espaço de conquista do múltiplo.

[47] Exacerbação da forma em detrimento do sentido, transportes não miméticos, atitude de afrontamento, recuperação do *topos* do imaginário enquanto espaço de relevância.

[48] Calinescau (*op. cit.*) aponta duas modernidades concomitantes com motivações antípodas: a modernidade industrial, tecnológica, fundamentada no iluminismo e na ética protestante (ver Marx Weber, *L'Éthique Protestante et l'esprit du Capitalisme*), imbuída da ideia de progressão, materialidade. Num outro movimento, a modernidade artística, disruptora, utopista, transcendente, sem preocupação teleológica.

[49] Assimetrismo como campo antípoda à organização logocêntrica que privilegia o equilíbrio e a harmonia. A epifania grotesca do butô, a presença da anomia (Bob Wilson, *Magritte – O Espelho Vivo, Life & Time of Joseph Stalin*), os corpos acéfalos, espasmáticos (Gerald Thomas, *The Crash and Flash Day*), as personas mediatizadas (Richard Foreman) corporificam, na cena contemporânea, o assimetrismo, enquanto figuração.

cifrada[50], operando estruturas que incorporam sistemas complexos, dinâmicos, transitórios e signagem de cognição não imediata. Heisenberg, cujo princípio da incerteza/indeterminação estabelece uma revolução paradigmática, aponta:

we seem to inhabit a world of dynamic process and structure. Therefore, we need a calculus of pontentiality rather than one of probability, a dialetic of polarity, one in which unity and diversity are redefined as simultaneous and necessary poles of the same essence[51].

John Cage (em *Silence*) propõe outra relação de sentido: "Is that it can turn its own tables and see meaninglessness as ultimate means"[52].

A partir da revolução de consciência e de elaboração da realidade provocada pela emergência da relativística, da incerteza de Heisenberg – gerando trabalhos que incorporam aleatoriedade, acaso, indeterminação – e das recentes formulações da teoria do caos[53] e dos fractais[54], a cena contemporânea estabelece uma formalização consonante com esses novos paradigmas: a narrativa fragmentada[55], a dissonância, o informe, não pertencentes à ordem euclidiana, ganham legibilidade enquanto "realidade". Essa incorporação, na cena contemporânea, acentua, além do efeito disruptor das vanguardas[56], a busca de outros logismos, outras aproximações do fenômeno.

50 As operações cênicas de Foreman, Kantor, Thomas, Lepage, entre outros, são marcadamente exógenas ao *mainstream*, que agrupa manifestações com o maior grau de redundância e decodificação mais imediata. Habermas (*op. cit.*) aponta, precisamente, a cifra e a distância entre o discurso de ponta e o *mainstream* como uma das causas do "fracasso" do projeto das vanguardas.

51 Tradução livre: "Parece-nos que habitamos um mundo de processos e estruturas dinâmicas. Consequentemente, necessitamos de um cálculo de potencialidades ao invés de um de probabilidades, numa dialética de polaridades, em que a unidade e a diversidade são redefinidas como polos simultâneos e necessários da mesma essência". (*apud* Ihab Hassan, *Innovation/Renovation: New Perspective on the Humanities, op. cit.*, p. 38). Herbert Blau ("The Remission of Play", *Innovation/Renovation: New Perspective on the Humanities, op. cit.*) nomeia um *Zeitgeist of Undeterminacy*, que marca a cena contemporânea, a partir do uso excessivo e má leitura de Heisenberg (Universo enquanto caos, ausência de qualquer princípio ordenador).

52 Tradução livre: "Assim é possível 'virar o feitiço contra o feiticeiro' e ver o sem sentido como o significado definitivo".

53 Visão sistêmica apoiada numa fundamentação antideterminista, segundo a qual os fenômenos não se repetem e não há um todo organizado (ver James Gleick, *Chaos-Making a New Science*, New York, Penguin, 1988).

54 Equacionamento heurístico e probabilístico que permite, através da inferição e uso de tecnologia, mapear superfícies irregulares, fragmentárias. O fractal pode ser pensado enquanto metáfora de singularidade, consciência mônada.

55 Lyotard ("Answering the Question, What is Post-Modernismo", *op. cit.*) aponta a incisão do fragmento enquanto marca da transição moderno/pós-moderno. Essa passagem se dá por um "enfraquecimento" (quebra da visão modernista: funcional, totalizante).

56 Trabalhos dadaístas e surrealistas *pour épateur les bourgois* e quebra dos cânones da arte clássica. Operações da contracultura (ler listas telefônicas em público) que a partir

Richard Foreman, cena de *My Head was a Sledgehammer (Minha cabeça era uma Marreta)*. Ontologycal-Hysteric Theater, Nova Iorque.

Artistas como Foreman operam o fragmento enquanto discurso, buscando uma linguagem que estruture a polifonia cênica:

I move toward creating a totally polyphonic theater in which all elements work to fragment each other so that the spectator is relatively free from empathy and identification and instead may savor the full playfulness of theatrical elements.
[...] My goal has always been to transcend very painful material with the dance of maniac theatricality[57].

A cena de Richard Foreman é emblemática da narrativa caótica, fragmentária, suportada numa textualidade minimal – e plena de marcações, a exemplo de Beckett –, em estruturas invisíveis, constitutivas da linguagem, que estabelecem tensões dialéticas entre a encenação e o movimento dos *performers*:

once somebody brought Foucault to see one of my plays and said, you know, I'm very interested in this because I see that there is a very rigorous system at work but I can't figure out what it is (laughs)...
[...] there seems to be a tension between the text with its structures and the presence of performers themselves[58].

Sobre a recepção, Foreman coloca: "the audience needs to learn to see small because to do means to engage the quantum level of reality where contradiction are anchored"[59].

A operação de disjunção[60] e o deslocamento – polares do *Zeitgeist* contemporâneo – inscrevem-se na cena espetacular a partir da visão relativística, simultaneísta[61].

de um certo momento passam a configurar o que Susan Sontag (*Styles of Radical Will*, New York, Delta Book, 1966) cunhou como "estética do silêncio" (e do ruído).
57 *Apud* Heuvel, *Performing Drama/Dramatizing Performance*, Michigan, The University of Michigan Press, 1991. Tradução livre: "Eu me direciono para a criação de um teatro polifônico total, na qual todos os elementos trabalhem para fragmentarem-se uns aos outros de forma que o espectador fique relativamente livre da empatia e identificação e, ao contrário, possa saborear o inteiro jogo dos elementos teatrais. [...] Minha meta tem sido sempre a de transcender a 'dolorosa' materialidade com a dança de uma teatralidade maníaca".
58 Tradução livre: "Uma vez alguém trouxe Foucault para ver uma de minhas peças e ele disse, imagine, estou muito interessado nisso porque eu vejo que existe um sistema muito rigoroso operando, mas eu não consigo calcular o que seja (*risos*)... Parece haver uma tensão entre o texto com suas estruturas e a presença, em si, dos *performers*" (*Bouncing Back the Impulse*).
59 Tradução livre: "O público precisa aprender a ver pequeno, nas entrelinhas, porque fazer isto significa engajar-se no nível quântico da realidade em que as contradições estão ancoradas".
60 Não junto, não simultâneo, desencontrado: Derrida, em entrevista a Betty Milan ("Derrida Caça os Fantasmas de Marx", *Folha de S. Paulo*, Mais!, 26 jun. 1994), citando Hamlet – "the time is out of joint" – apresenta a disjunção enquanto estado de desconexão, "do não contemporâneo a si mesmo".
61 Conceituação que parte da construção einsteniana, da relatividade da recepção do fenômeno, dos paradoxos da simultaneidade e da recente filosofia relativística (ver

O ponto de vista relativístico – do criador e, enquanto captação, do receptor – estabelece uma disjunção espacial ("teatro do *environment*", evasão do edifício-teatro), temática[62] e cronológica (tempo disjunto, ficcional, contraparte do tempo sincrônico, da presença).

A cena desloca-se do palco (ponto focal de uma única sequência, uma única narrativa) e ocupa espaços poligonais, transitórios, das ações simultâneas (La Fura Dels Baus, *1789* de Ariane Mnouchkine, cena da *performance*), provocando recepções múltiplas, com recortes particulares.

A narrativa – típica do teatro de Thomas e Foreman – sobrepõe, qual colagem cubista, várias versões simultâneas: a de cada persiano/personagem, fabulantes, à procura de seus *leitmotive*, a do autor, des (estruturador) – em incisões frequentes e irônicas em *off* –, a do receptor-"colador" tecendo, à luz de seu repertório paradigmático, um construto possível[63].

A disjunção, e posterior montagem, que estabelece o descontínuo na continuidade cronológica e episódica da cena[64] reitera as operações do inconsciente (*Verschiebung*) de obliteração, em alguns casos, da verdade – dolorosa ao ego e revelação em outros momentos, a partir de preciosas articulações de condensação.

A operação da montagem-colagem, propulsora de uma série de construções da vanguarda – a *bricollage*, os *objets trouvès* recompostos ao acaso – e que apontava, na nascente, para uma quebra da ordem sistematizadora, habitual, incide numa perigosa quebra do "orgânico"[65], segmentação esta que conflui, no contemporâneo, para perigosas manipulações do sistema e seu tentáculo comunicante, a mídia[66].

Bento Prado Jr., "O Relativismo como Contraponto", *Folha de S. Paulo*, Mais!, 26 jun. 1994).

62 Cabeças arrancadas (cena de Thomas), manequins sem vozes e a filmografia *trash* do desmembramento e esfacelação – temas contemporâneos recorrentes, como o do *serial killer*.

63 Que culmina com a irônica expulsão de "Você" (representado por Beth Coelho) do palco para a plateia, em *M.O.R.T.E.* de Gerald Thomas (ver Flora Sussekind, "A Imaginação Monológica", *Revista USP*, jul. 1992).

64 Partindo-se da ingênua crença da plateia de que a construção, arbitrária, do encenador ou do narrador, é contínua, verossímil. Subirats (*A Cultura como Espetáculo*, *op. cit.*), descrevendo os mecanismos da mídia, de construção e edição de realidade, coloca: "a realidade – se chamarmos por esse nome a sucessão de imagens e informações que se sucedem indefinidamente no interior da tela – aparece, ao mesmo tempo, na experiência subjetiva midialmente programada como a irrealidade de um sonho, como a ficção do mundo convertido em espetáculo".

65 Peter Bürger (*Teoria de la Vanguarda*, Barcelona, Península, 1987) aponta: "A obra de arte orgânica está construída sobre um modelo estrutural sintagmático – a parte e o todo formam um modelo estrutural dialético [...] há uma harmonia entre o sentido do todo e das partes, organizando a recepção".

66 O teatro da mídia: Jerry Mander ("The Case of the Elimination of Television", mimeo, s/r/d) um *drop out* da publicidade, em manifesto dos anos 60 ("Captured

A operação da montagem e das "realidades construídas", mediatizadas, instaura os dialogismos real/virtual, sublime/paródico, emblemáticos da passagem modernidade/pós-modernidade e característicos do *Zeitgeist* contemporâneo:

• a busca da realidade, enquanto superação – espaço de formação/configuração – é premissa da modernidade, a partir da formulação de exotopias estruturadoras (psicanálise, marxismo, estruturalismo);

• a busca da simulação, construção derivativa, da ordem da cópia, da reprodução, é própria da pós-modernidade (contemporâneo), realizada através de procedimentos de releitura e transportes, de menor potência[67], da ordem fenomenal.

Para Lyotard a reiteração nostálgica do sublime[68], esgar da epifania, é premissa da construção modernista: esta presença se dá tanto nas formulações utopistas – o imaginário surrealista – quanto nas concretizações mais abruptas e racionais – o sublime enquanto funcionalidade e corporificação escultórica, na obra de Le Corbusier e seus seguidores.

Na objetivação pós-modernista o modelo de transposição é o paródico[69] – recuperação distorcida e minimizada do referente primeiro – operação esta imbuída de cinismo e niilismo[70], numa aproximação distinta do espírito e motivações dadaístas.

A questão do contínuo/descontínuo, presente nas edições de tempo-espaço cênicas e no "teatro da mídia", introduz a problemática da representação-repetição, inerente ao fazer cênico[71].

> Mind"), no contexto da contracultura, e extremamente atual, aponta essa situação dramática:
> *Abstraction, Passivity, Lobotomy*
> *Media becomes experience*
> *Media becomes reality*
> *Media becomes environment*
> *People becomes media (mutation)*
> *we are all becoming humanoids...*

67 O território do virtual está imbricado com o território do *fake* (cultura do falso, do aparente).

68 Numa evocação à formulação kantiana (Lyotard, "Answering the Question, What is Post-Modernism", *op. cit*)

69 Jameson ("Post Modernism and Consumer Society", *op. cit.*) fala em pastiche, uma ordem além de distorção, na esfera da neutralidade asséptica: "Pastiche is, like parody, the imitation of a peculiar or unique style, the wearing of a stylistic mask, speech in a dead language: but it is a neutral practice of such mimicry, without parody's ulterior motive, without the satirical impulse, without laughter [...] the modern practice is a kind of blank irony".

70 Essas transposições derivam, em muitos casos, do parodismo – cênico, porém de caráter anódino, para o tom sombrio, território do *pathos (trash culture*, apologia do grotesco e do monstruoso), também uma marca do *Zeitgeist* contemporâneo.

71 O teatro, enquanto expressão cênica, cria tensão com o modo contemporâneo (do eterno presente) mais afeito às mídias efêmeras, descartáveis (televisão, publicidade) sem a cumplicidade da audiência (convivialidade, testemunho).

O encenador contemporâneo depara-se com o dialogismo entre a repetição[72], reiteração, evocação de presença – premissas do teatro – e a edição-ficção-figuração, premissas de linguagem[73].

Derrida, retomando a cena artaudiana, enquanto apologia, reitera o paradoxo da repetição, espaço da mortificação:

it is a conception projected outside of history, [...] the theater exists only in a perpetua presente. In that scene what appears to be repetition is not, and that's what we want destroyed. For the enemy is repetition, the life denying force of a cadaverous return, where the present holds on for dear life, coming into Being, the Enemy of the libidinal body, negativity incarnate, ungenerous, since it refuses the present to death, wanting to preserve its illusion[74].

Na "cena da vida", o receptor contemporâneo, submetido ao contínuo / descontínuo irrealista, das emissões da mídia, coloca-se num fio da navalha, no qual, silente, é imerso nas bizarras combinações do sistema.

Como evasão[75] a essa ordem – das "realidades da Mídia", do estado de coisas contemporâneo (aparência enquanto superação, cultura do *fake*, ruptura com as fontes[76], consciência fragmentária, excessivo uso do relativismo) – e introduzindo um movimento dialético, num percurso enantiomorfo[77], algumas alternativas se apresentam:

Grotowski, após capitanear as investigações da *avant-garde* cênica, diz situar-se, hoje, no espaço da *"rear-guard"* recuperando sistemas e tradições obliteradas pelo tempo (Kathakali, gestos primordiais[78]).

---

72 Herbert Blau ("The Remission of Play", *op. cit.*), ironizando o "teatro do establishment", fala num "return of the eternal same" e em "the confusion of anamnesis".
73 Meu trabalho de encenação (*Magritte – O Espelho Vivo, Sturm und Drang*) visa escapar da encenação teatralizada (no sentido do gênero, clássico) enquanto expressão vertendo para a cinematografia (edição, presença ao vivo e mediatizada) e para as artes plásticas (environment art).
74 "Theater of Cruelty and the Closure of Representation", *op. cit.* Tradução livre: "é uma concepção projetada fora da história [...] O teatro existe somente como um perpétuo presente. Nessa cena, o que aparece como repetição não é, e é isso que queremos destruído. Porque o inimigo é a repetição, a negação da força vital num retorno cadavérico, em que o presente segura a preciosidade da vida, vindo a ser o inimigo do corpo libidinal, a negatividade encarnada, não generosa, porque recusa o presente pela morte, querendo preservar sua ilusão".
75 Utilizamos a metáfora de De Micheli (*Las Vanguardas Artísticas del Siglo XX*, Madrid, Alianza, 1985) aplicada ao movimento "decadentista".
76 É próprio da atitude moderna, na reiteração constante do novo, estabelecer ruptura com as tradições. Atribuímos a terminologia "fonte" aos espaços legítimos de conhecimento e não às construções classistas.
77 Heráclito atribui essa terminologia a movimentos que, num determinado momento, tomam o curso oposto ao inicial (*apud* Matei Calinescau, *The Five Faces of Modernity*, *op. cit.*).
78 Em Ron Grimes, "The Theater of Sources", *The Drama Review*, 25 (3), 1981.

Butô, grupo Sankai Juku.

A segunda onda budista, no Ocidente – após o zen dos anos 50 –, inseminada pelos tibetanos, traz a noção de impermanência, do ilusório (*Maya*) e da objetivação do *Dharma* – caminho da verdade: princípios distintos do materialismo, narcisismo e "presenteísmo" contemporâneos.

Essa aproximação tem impacto direto na arte – nas encenações do butô, no repertório de encenadores de linguagem (Peter Brook, Ariane Mnouchkine, Bertolucci, entre outros), em materializações das artes plásticas e da música (certas construções neoconcretas, inspiradas no caligrama oriental e no espírito búdico[79]).

O movimento holístico e a psicologia transpessoal (Grof) – enquanto paradigmas – configuram, no contexto contemporâneo, modelos de ambição integrativa, de ordem não relativística.

Na busca de linguagens que tenham tradução para a nova consciência contemporânea – fragmentária, simultânea, múltipla e, perpetrando, dessa forma uma formalização pertinente ao *Zeitgeist* – o encenador busca, de forma "desesperada" em palavras de Gerald Thomas, essa representação, que, ao mesmo tempo, vivifique o informe, o numinoso, o desconhecido.

A aparição do epifânico, esgar do eterno, poetizado por Baudelaire, a "outra metade" ao transitório fugidio, irrompe na cena em alguns raros momentos que marcam a trajetória da década iluminando os sentidos: nas óperas iniciais de Robert Wilson (*Einstein on the Beach* – 1976, *The Life & Times of Joseph Stalin*, 1973), nas *performances* paroxistas de Joseph Beuys, nas quedas agônicas do Ballet de Wuperthal (Pina Bausch), na atuação limite do Sankai Juku, no pedal eletrônico de Laurie Anderson *(Oh! Superman),* na *Gestalt* furiosa de *Mattogrosso* (Gerald Thomas), na intensidade abúlica do La Fura Dels Baus, no maravilhamento de Serban, no som hipnótico do Gamelan do Ballet de Java, nos poemas matemáticos, autistas, de Christopher Knowles.

---

[79] Ver Iasuichi Awakawa (*Zen Painting*).

6. Work in Process e Epifanias: A Cena da U-Topia

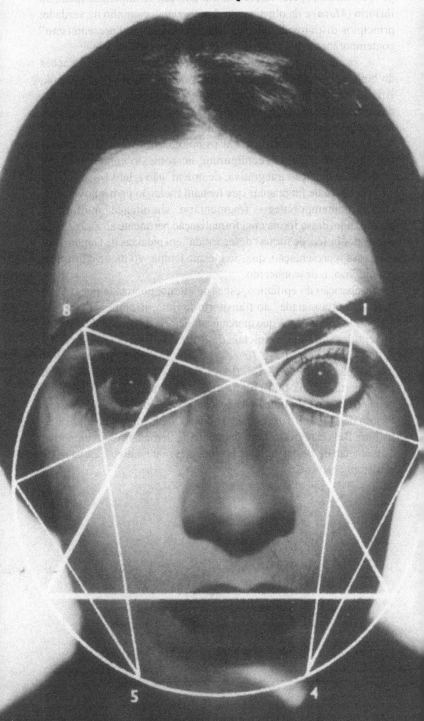

*A seus dois deuses da arte, Apolo e Dionísio, vincula-se a nossa Cognição de que no mundo helênico existe uma enorme contraposição, quanto à origem e objetivos, entre a arte do figurador plástico (*Bildner*), apolínea, e a arte não figurada (*unbildlichen*) da musica, a de Dionísio...*

FRIEDRICH NIETZSCHE, *A Origem da Tragédia*[1]

A linguagem operativa que se constrói a partir do procedimento criativo *work in process* e a cena resultante desse processo não são expressões contemporâneas isoladas, inscrevendo-se, sim – no uso do dado transgressor, na vivência paroxística, na emergência das potências imaginárias e irracionais e na confrontação com o modo de recepção institucionalizado –, no percurso do projeto utopista das vanguardas e das manifestações recentes do *happening* e da *performance*.

Numa operação que consubstancia o risco, o imponderável, o não apriorístico, a "cena do *work in process*", vivificada na epopeia joyciana, nas *performances/transformances* de Joseph Beuys, na trajetória de Pina Bausch, Bob Wilson, Tadeusz Kantor e outros inúmeros criadores, reitera o projeto utopista, revolucionário da *avant-garde*, as derivações de linguagem e o universo visionário de investigadores como Malévitch, Maiakóvski, Breton, Schlemmer e Duchamp.

---

* Foto: capa do catálogo de *Vitória sobre o Sol*, a partir da foto de Rodshenko e eneagrama de Gurdjieff. Direção: Renato Cohen; Performer: Rosana Seligmann. São Paulo, 1995.
1 Tradução e apresentação de Jacó Guinsburg em "O Resgate do Espírito Trágico", *Folha de S. Paulo*, Mais!, 13 set. 1992.

A característica dessa produção – independência da recepção e da mídia, liberdade criativa, transgressão – estabelece um *topos* divergente e, ao mesmo tempo, pareado (*avant-garde*, campo "para"), a cena do *mainstream* – afeita a obras de maior redundância e a outros tempos criativos – funcionando, dialeticamente, como foco de antagonismo e nutrimento na criação do *establishment*.

O *telos* utopista busca, desesperadamente, estabelecer o elo, o encontro entre o informe (*unbildlichen*), o não revelado, o imaterial, a aparição efêmera da epifania e a sua materialização, transposição enquanto obra (*Bildner*)[2].

Essa ambivalência – encontro de linguagem – corpo e presença do espírito-animação – é premissa norteadora da criação de vanguarda: da utopia suprematista (geometrismo enquanto forma e abstração enquanto ideia-animação) ao projeto surrealista (encontro de antinomias, realidade transcendente).

Na cena contemporânea esse encontro se corporifica pela forma assimétrica, distorcida, deslocada, e seu sentido derivado[3].

O *environment* de Joseph Beuys – *Lightning with Stag in its Glare* – *work in process* gestado em 27 anos que inaugura a exposição *Zeitgeist*, na Martin Gropius Building (Berlim, 1982)[4], talvez seja uma das obras mais emblemáticas da criação contemporânea: no encontro significativo dos opostos – suspensão, do material denso, matérico; alusão romântica do passado, materializada no veado (*stag*), recriado enquanto abstração, iluminação-raio, inscrevendo dinamicidade, dramaticidade, na cena estática, petrificada.

Beuys reitera a metáfora romântica (*Sturm und Drang*) da iluminação, da *Aufklärung* – lampejo da epifania, contraparte ao sombrio contemporâneo.

Na mesma direção – da revelação do informe –, Bill Viola, vídeo-realizador contemporâneo, traz sua vídeo-instalação (*Site of the Unseen*) privilegiando o não imediatamente visível, o oculto[5].

---

2   Na tradição oriental esse confronto de antinomias, "a guerra dos contrários", é, ontologicamente, evitado: Chögyam Trungpa, falando da Meditação Dhyana em o *Mito da Liberdade e o Caminho da Meditação* (São Paulo, Cultrix, 1976), coloca: "A paramita do quinto bhumi é a da dhyana, consciência panorâmica, estado de envolvimento total, sem centro ou periferia. Se houver um centro e uma periferia, então nosso estado de mente deixa de ser 'um' no envolvimento total porque teremos de vigiar os dois extremos; um sentido de polaridade estará sempre presente".
3   Conforme relatado, por operações de cifra, da conotação não imediata, presente na obra de Joyce, na cena de Kantor, nos filmes de Kieslowski.
4   Descrito por Heiner Bastian (Catálogo da Exposição da XX Bienal de São Paulo).
5   Olhamos o mundo ao nosso redor
    e só vemos o que estamos condicionados

Na cena teatral contemporânea essa possibilidade de captação do transitório, do *punctum*[6], da manifestação efêmera da epifania, é amplificada na operação do *work in process*, linguagem que incorpora – enquanto procedimento criativo – a mutação, o acaso e o acontecimento.

Por último, enquanto projeto utopista, a cena teatral contemporânea exacerba a potencialidade da linguagem (ficção/ausência e, ao mesmo tempo, presença, ao vivo, confronto espectador/atuante), amplificada pela tecnologia, levando às últimas consequências o visionarismo das vanguardas.

Louis Aragon (em carta aberta a André Breton), ao observar *Deafman Glance*, de Robert Wilson, coloca com deslumbramento:

> I have never seen anything so beautiful in all the world
> There are those who speak of this great Game
> of Silence, of this miracle of men and not
> of gods; this is shoddy surrealism, showcase
> *surrealism if I never saw it!*[7]

6.1. DA EXPERIÊNCIA BRASILEIRA: LIMITES

O aparecimento de inúmeros encenadores de linguagem – Gerald Thomas, Bia Lessa, Enrique Diaz, Maura Baiocchi, para citar alguns – bem como a consolidação do espaço de festivais, através da ação de animadores culturais como Yacov Sarkovas, Ruth Escobar, Celso Cury e da ação cultural permanente do Sesc, amplifica de forma exponencial o espaço da experimentação cênica de ponta, no cenário brasileiro.

Esse espaço se completa com a presença, entre nós do Sankai Juku e outras manifestações do butô, a nova cena de Bob Wilson e os espetáculos do La Fura Dels Baus e de Andrei Serban, inseminando um intercâmbio constante com a produção-limite contemporânea e rompendo com isso a vacuidade das últimas décadas.

   a enxergar. Quero revelar a visão interior,
   a aura humana...
  (Entrevista ao *O Estado de S. Paulo*, Caderno 2, 23 jun. 1994.) Sintomaticamente o fotógrafo emblemático contemporâneo é um cego.
 6 Terminologia utilizada por Roland Barthes para descrever captação – originalmente, em fotografia – do estranhamento, do não previamente concebido. O trabalho de criadores como Peter Brook, Grotowski e, numa outra direção, Bob Wilson busca produzir um "signo-punctum", por via de emanações subliminares, criando "climas" invisíveis à decodificação semioticista, mas de plena captação pelos sentidos.
 7 Tradução livre: "Eu nunca tinha visto algo tão bonito, em todo o mundo... / Há alguns que falam desse grande 'Jogo do Silêncio', desse milagre dos homens e não de deuses; isto é o surrealismo chocante, surrealismo mostrado como eu nunca vi antes" (*apud* Robert Stearns, *Robert Wilson – From a Theater of Images*, Cincinnati, The Contemporary Arts Center, 1980).

Por outro lado, assistimos a uma extrema segmentação, limitante ao formato teatral[8] – tanto em termos de mídia quanto de editais – impedindo a emergência de espetáculos-fronteira e a experimentação *underground* coberta anteriormente, em termos de repercussão de mídia e produção, pela expressão da *performance*.

A extrema concentração da produção e do interesse crítico deslegitima essa produção que é fulcro da intervenção mais radical – produção essa que tem exteriorizado, geralmente em espaços avessos ao espaço teatral.

Como impedimento, também, à ousadia cênica assistimos a uma precariedade de recepção crítica desses espetáculos transversos, assimétricos, que são objetos de uma decodificação empobrecedora, bastante aquém da radicalidade da criação, geralmente sendo classificados de abstratos a oníricos, à exceção de Gerald Thomas, que, por sua repercussão internacional, tem recebido leitura a partir de Haroldo de Campos, Flora Sussekind, Sílvia Fernandes, Jacó Guinsburg e Otávio Frias Filho, conhecedores desse universo.

No campo da cena mítica, a repercussão, entre nós, de o *Mahabharata* de Peter Brook (vídeo), bem como a aparição de espetáculos como *O Paraíso Perdido* (numa catedral) e *O Livro de Jó* (Antônio Araújo), de *Kelbilin o Cão da Divindade* (Luís Otávio Burnier), *Santa Teresa d'Avila*, e do próprio *Sturm und Drang*, todos em âmbito restrito, apontam para uma nova vertente cênica e para uma recepção e classificação além da de esoterismo (*Paraíso Perdido* e *Sturm und Drang*, principalmente pelo uso de espaços não convencionais e pelo caráter mítico da recepção, foram os espetáculos que despertaram maior atenção no II Festival de Teatro de Curitiba, 1993).

Numa outra dimensão, talvez a de maior alcance especulativo, trabalhos multimídia como o evento *Arte Cidade* (Brissac Peixoto, inspirado em Lyotard e Baudrillard) e *Arte Tecnologia* (Instituto Cultural Itaú, 1997) redimensionam o quadro da intervenção cênica – criando o novo "teatro da *environment*", teatro das tecnologias – e modo da atuação, possibilitando, através da intervenção de multilinguagem, conceitual, resgatar o espírito da experimentação utopista da vanguarda.

---

8 A equivocada posição do crítico Nelson de Sá – que, pela força da *Folha de S. Paulo*, tornou-se uma espécie de voz paradigmática – atrasou a expansão e o entendimento dessa "nova cena". Sá tem brigado insistentemente pela não fronteirização do gênero teatral, pela preponderância da dramaturgia e do sentido, estando avesso à modernidade nas artes. Nesse sentido, um trabalho muito mais completo e epistemológico tem sido desenvolvido pela crítica e curadora Kátia Canton, agora, tendo voz na revista *Bravo*.

No material textual a seguir, apresento uma relação de espetáculos e acontecimentos que operam as linguagens contemporâneas e que foram matriciadores da pesquisa.Referências Bibliográficas

Referências Bibliográficas

TEATRO / *PERFORMANCE* / ARTES

AMARAL, Aracy (apres.). *Arte Híbrida* (Catálogo). São Paulo / Rio de Janeiro, Funarte/MAM, 1989.
ARTAUD, Antonin. *O Teatro e seu Duplo*. Lisboa, Minotauro, s/d.
ÁVILA, Carlos (org.). *Poesia Concreta 1956/1986*. Salvador, Código 11, 1986.
AWAKAWA, Yasuichi. *Zen Painting*. Tóquio, Kodansha, 1970.
BABLET, Denis (org.). *Les Voies de la Création Théatrale – Mises en Scéne annés 20 et 30*. Paris, Éditions du Centre National de la Recherche Scientifique, 1979.
BAIOCCHI, Maura. *Butoh, Teatro Veredas*. São Paulo, Palas Athena, 1986.
BARBA, Eugenio. "Theatre Antropology". *The Drama Review*, 16(1) 47-54, 1982.
BATTCOCK, Gregory. *The Art of Performance*. New York, E. P. Dutton, 1984.
BENJAMIN, Walter. *Origem do Drama Barroco Alemão*. São Paulo, Brasiliense, 1984.
BIRRINGER, Johannes. *Theatre, Theory, Post Modernism*. Bloomington, Indiana University Press, 1991.
BLAU, Herbert. "The Remission of Play". *Innovation / Renovation: New Perspectives on the Humanities*. Wisconsin, University of Wisconsin Press, 1982, pp. 161-188.
BRECHT, Stefan. *L'Art de Robert Wilson: Le Regard du Sourd*. Paris, Christian Bourgois Press, 1972.
BRETON, André. *Manifestos do Surrealismo*. São Paulo, Brasiliense, 1985.
BRISSAC PEIXOTO, Nelson. "A Cidade no Horizonte da Arte Contemporânea". *Folha de S. Paulo,* Caderno Mais!, 27 mar. 1994.

---

* Foto: *Vitória sobre o Sol*. Direção: Renato Cohen; Performers: Rosana Seligmann e Eric Novinski. Centro Cultural São Paulo, 1995. Foto: Rosael.

BÜRGER, Peter. *Teoria de la Vanguardia*. Barcelona, Península, 1987.
CAGE, John. *De Segunda a um Ano*. São Paulo, Hucitec, 1985.
CANTON, Katia. *E o Príncipe Dançou... O Conto de Fadas da Tradição Oral à Dança Contemporânea*. São Paulo, Ática, 1994.
CAMPOS, Augusto de CAMPOS, Haroldo de. *Panaroma do Finnegans Wake*. São Paulo, Perspectiva, Coleção Signos, 1986.
CAMPOS, Augusto de. "Invenção Poética Escapa de Morte Precoce". *O Estado de S. Paulo,* Suplemento Cultural, Série Vanguarda – Vida e Morte, 4 set. 1993.
CAMPOS, Augusto de, CAMPOS, Haroldo de, PIGNATARI, Décio. *Mallarmé*. São Paulo, Perspectiva, Coleção Signos, 1991.
CAMPOS, Haroldo de. *Signantia Quasi Coelum – Signância Quase Céu*. São Paulo, Perspectiva, Coleção Signos, 1979.
CAMPOS, Haroldo de. "A *M.O.R.T.E.* e o Parangolé". *Folha de S. Paulo,* Ilustrada, 14 fev. 1991.
CARVALHO, Bernardo. "Foreman Defende Teatro Histórico e Ontológico". *Folha de S. Paulo,* Ilustrada, 30 mar. 1991.
COHEN, Renato. "A Cena Transversa: Confluências entre o Teatro e a *Performance*". *Revista USP,* jul. 1992, pp. 80-84.
____. "Arte e Decadência – Bella Lugosi is dead". *Palco e Plateia,* Série Debate, 1987.
____. *Performance como Linguagem: Criação de um Tempo – Espaço de Experimentação*. Edusp / Perspectiva, 1989.
COLE, David. "The Visual Script: Theory and Techniques". *The Drama Review* 20(4), 1976 pp. 46-73.
COPELAND, Roger. "The Presence of Mediation". *The Drama Review*, 34(4), 1990.
CRAIG, E. Gordon. *Da Arte ao Teatro*. Lisboa, Arcádia, 1911.
DE MICHELI, M. *Las Vanguardas Artísticas del Siglo XX*. Madrid, Alianza, 1985.
DIACONO, Mario. *Vito Acconci: Dal Testo-Azione al Corpo Come Testo*. New York/Milano, Out of London Press, 1975.
DURAND, Régis. "Signs/Performance: on Some Transformations of Theatrical an the Theoretical". *Innovation/Renovations: New Perspectives on the Humanities*. Wisconsin, University of Wisconsin Press, 1982, pp. 211-224.
EISENSTEIN, Sergei. *A Forma do Filme,* Rio de Janeiro, Zahar, 1990.
____. *O Sentido do Filme*. Rio de Janeiro, Zahar, 1990.
FOREMAN, Richard. "How I Write my Plays". *The Drama Review,* 76 (21) 4, 1977.
____. *Unbalancing Acts. Foundations for a Theatre*. New York, Theatre Communications Group, 1993.
FERNANDES, Sílvia. *Memória e Invenção: Gerald Thomas em Cena*. São Paulo, Perspectiva, 1996.
FRIAS FILHO, Otávio. "Thomas Encontra a Esfinge da Narrativa". *Folha de S. Paulo,* Caderno Mais!, 27 fev.1994.

GALIZIA, Luiz Roberto. *Os Processos Criativos de Robert Wilson: Trabalhos de Arte Total para o Teatro Contemporâneo.* São Paulo, Perspectiva, 1986.

GARCIA, Silvana. *As Trombetas de Jericó – Estética e Política no Teatro das Vanguardas Históricas.* São Paulo, Hucitec, 1997.

GOFFMAN, E. *La Mise en Scéne de la vie quotidienne.* Paris, Minuit, 1973.

GOLDBERG, Rose Lee. *Performance: Live Art from 1909 to the Present.* London, Cox and Wyman, 1979.

GRIMES, Ron. "The Theatre of Sources". *The Drama Review,* 25(3) 67-74, 1981.

GUINSBURG, Jacó, TEIXEIRA COELHO NETTO, J., CHAVES CARDOSO, Reni (org). *Semiologia do Teatro.* São Paulo, Perspectiva, 1978.

GUINSBURG, Jacó. "A Ideia do Teatro". *O Estado de S. Paulo,* Suplemento Cultural, 30 mar. 1991, pp. 4-5.

____. "Evreinov e o Teatro da Vida". *Folha de S. Paulo,* Folhetim, 31 mai. 1981, pp. 3-7.

____. "O Resgate do Espírito Trágico". *Folha de S. Paulo,* Mais!, 13 set. 1992.

____ (org.). *O Romantismo.* São Paulo, Perspectiva, Coleção Stylus, 1978.

HEUVEL, Michael V. *Performing Drama/Dramatizing Performance.* Michigan, The University of Michigan Press, 1991.

HIRSCHBERG, Lynn. "Os Quatro Cavaleiros do Apocalipse: Robert Longo, Julian Schnabel, David Salle, Eric Fischl". *Arte em São Paulo,* 32-45, 1987.

HOGHE, Raimund. *Bandonéon – Em que o Tango Pode Ser Bom para Tudo?.* São Paulo, Attar, 1989.

INNES, Christopher. *Holy Theatre – Ritual and the Avant Garde.* Cambridge, Cambridge University Press, 1981.

KANTOR, Tadeusz. *Le Théatre de la Mort.* Lausanne, L'age D'Homme, 1977.

KAYE, Nick. "Bouncing Back the impulse: an interview with Richard Foreman". *Performance* 61(set) 30-41,1990.

KLEIST, Heinrich von. "Sobre o Teatro de Marionetes" (trad., apres. e notas de J. Guinsburg). *Revista USP,* s/d. pp. 196-201.

KLOTZ, Heinrich. *Die Neue Wilden in Berlin.* Stuttgart, KLett-Cotta, 1987.

KOBIALKA, Michal. "The Milano Lessons by Tadeus Z. Kanto". *The Drama Review,* 35(4) 136-147, 1991.

MAGUIRE, Matthew. "The site of language". *The Drama Review,* 27 (4) 54-69, 1983.

MARRANCA, Bonnie. *The Theatre of Images.* New York, Drama Book Specialists, 1977.

MASSON, André. *Le Rebelle du Surréalisme.* Paris, Écrits, Collection Savoir Hermann, 1976.

MENNEN, Richard. "Grotowski's Paratheatrical Projects". *The Drama Review,* 19 (4) 60-69, 1975.

MERTENS, Win. *American Minimal Music.* London, Kahn Averill, 1983.

MEYERHOLD, V. F. *Teoria Teatral.* Madrid, Fundamentos, 1971.

MULLER, Hedwig. *Mary Wigman – Leben Und werk der Grossen Tänzerin.* Berlin, Quadriga, 1986.

O'Quinn, Jim. "Squat Theater Undergroud, 1972-1976". *The Drama Review* 23(4), 1979.
Oiticica, Hélio. *Aspiro ao Grande Labirinto*. Rio de Janeiro, Rocco, 1986.
Osinski, Zbigniew. "Grotowski Blazes the Trails – From Objective Drama to Ritual Arts". *The Drama Review*, 35(1) 95-111, 1991.
Pavis, Patrice. "Dancing with Faust: A Semiotician's Reflections on Barba's Intercultural Mise-en-scéne". *The Drama Review* 33(3), 1989.
Pavis, Patrice. "Performance – Notes Toward a Semiotic Analysis". *The Drama Review*, s/d, pp. 93-104.
Phelan, Peggy. *The Politics of Performance*. London, Routledge, 1993.
Poggioli, Renato. *The Theory of Avant-Garde*. Boston, Harvard University Press, 1982.
Pound, Ezra. *Poesia*. São Paulo, Hucitec, 1985.
Risério, Antonio. "De Quem é Essa Decadência?". *Folha de S. Paulo*, Mais!, 10 abr. 1994.
Rosenfeld, Anatol. *O Teatro Épico*. São Paulo, Perspectiva, 1985.
Sayre, Henry M. *The Object of Performance – The American Avant-Garde Since 1970*. Chicago, The University of Chicago Press, 1989.
Schneider, Ira Korot, Beryl. *Video Art: An Anthology*. New York, Raindance Foundations, 1976.
Shank, Theodore. *American Alternative Theater*. New York, Grove Press, 1982.
Shechner, Richard. *The End of Humanism*. New York, Laj, 1982.
Shyer, Laurence. *Robert Wilson and his Collaborators*. New York, Theatre Communications Group, 1989.
Siegel, Marcia B. "Liminality in Balinese Dance". *The Drama Review*, 35(4), 1991, pp. 84-91.
Stearns, Robert. *Robert Wilson – From a Theatre of Images*. Cincinnati, The Contemporary Arts Center, 1980.
Stein, Bonnie Sue. "Butoh – Twenty Years Ago we were crazy, dirty, and mad". *The Drama Review*, 30(2), 1986, pp. 107-125.
Stein, Jack M. *Richard Wagner and the Synthesis of the Arts*. Detroit, Wayne State University Press, 1960.
Sussekind, Flora. "A Imaginacão Monológica: Notas sobre o Teatro de Gerald Thomas e Bia Lessa". *Revista USP*, jul. 1992, pp. 43-49.
Teixeira Coelho Netto, J. *Uma Outra Cena*. São Paulo, Polis, 1983.
Thevóz, M. *L'Art Brut*. Genève, Skira, 1980.
Tisdall, Caroline. *Joseph Beuys*. New York, The Solomon Guggenhein Museum, s/d.
Vaslle, Marco do. "A Condição de Deserto". *Óculum*, 4, 1993, pp. 56-63.
Turner, Victor. *The Anthropology of Performance*. New York, PAJ, 1992.
Walley, Arthur. *The Nô Plays of Japan*. Vermont, Charles Tuttle, 1976.
Wilshire, Bruce. "The Concept of the Paratheatrical". *The Drama Review*, 34 (4) 1990.

LINGUAGEM / EPISTEMOLOGIA / SEMIÓTICA

Agra, Lúcio. "Construtivismo na Arte e Projeto Intersemiótico". Dissertação de mestrado, Semiótica, PUC/SP, 1993.

REFERÊNCIAS BIBLIOGRÁFICAS

ARISTÓTELES, *Poética*. Porto Alegre, Globo, 1966.
AUERBACH, Erich. *Mimesis*. São Paulo, Perspectiva/Edusp, 1971.
BARTHES, Roland. *Mitologias*. São Paulo/Rio de Janeiro, DIFEL, 1975.
BAUDRILLARD, Jean. *Simulacres et Simulations*. Paris, Galilée, 1981.
BELLOUR, Raymond. "Pensar, Contar. O Cinema de Gilles Deleuze". *Cadernos de Subjetividade* (Especial Gilles Deleuze), PUC-SP, jun. 1966, pp. 141-162.
BERGSON, Henri. *Ensaios sobre os Dados Imediatos da Consciência*. Lisboa, Edições 70, 1988.
BRIAN LE BOT, Hughette. "Ni Vrai ni Faux" (Diversos). *Traverses*, 47, nov. 89, Paris.
BYINGTON, Carlos. "Ciência Simbólica, Epistemologia e Arquétipo. Uma Síntese Holística da Busca do Conhecimento Objetivo e Esotérico". *Junguiana*, 1987, pp. 5-21.
CAMPOS, Haroldo de (org.). *Ideograma – Lógica, Poesia Linguagem*. São Paulo, Cultrix/Edusp, 1977.
CARDOSO, Sérgio. "O Olhar Viajante do (Etnólogo)". *O Olhar*. São Paulo, Cia. das Letras, 1988, pp. 347-360.
CASSIRER, Ernst. *Linguagem e Mito*. São Paulo, Perspectiva, 1972.
CHNAIDERMAN, Miriam. *Ensaios de Psicanálise e Semiótica*. São Paulo, Escuta, 1989.
DEBORD, Guy. "Teoria da Deriva". *Óculum*, 4, 1993, pp. 26-29.
DELEUZE, Gilles. *Diferença e Repetição*. Rio de Janeiro, Graal, s/d.
DELEUZE, Gilles, GUATTARI, Félix. *Mil Platôs – Capitalismo e Esquizofrenia*, Rio de Janeiro, Ed. 34/Nova Fronteira, 1995.
DELEUZE, Gilles. *Cinema I: A Imagem – Movimento*. São Paulo, Brasiliense, 1985.
_____. *Cinema II: A Imagem – Tempo*. São Paulo, Brasiliense, 1990.
DE MARINIS, Marco. *Semiótica del Teatro*. Milano, Bompiani, 1982.
DERRIDA, Jacques. "Of Spirit". *Critical Inquiry* 15 (2), Winter 1989, pp. 457-474.
_____. "Theater of Cruelty and the Closure of Representation", s/d.
DORFLES, Gillo. *Elogio da Desarmonia*. Lisboa, Edições 70, 1986.
DUBUFFET, Jean. *Cultura Asfixiante*. Lisboa, Dom Quixote, 1971.
DURAND, Gilbert. *A Imaginação Simbólica*. São Paulo, Cultrix/Edusp, 1988.
ECO, Umberto. *Obra Aberta*. São Paulo, Perspectiva. 1969.
EDINGER, Edward. *Anatomia da Psique – O Simbolismo Alquímico da Psicoterapia*. São Paulo, Cultrix, 1990.
ELIADE, Mircea. *Mephistópheles et L'Androgyne*. Paris, Gallimard, 1962.
_____. *Tratado de História das Religiões*. Lisboa, Cosmos, 1977.
FABRIS, Annateresa. *Futurismo: Uma Poética da Modernidade*. São Paulo, Perspectiva, 1987.
FOUCAULT, Michel. *Isto não é um Cachimbo*. Rio de Janeiro, Paz e Terra, 1989.
FREUD, Sigmund. *Obras Completas*. Rio de Janeiro, Imago, 1976.
GLEICK, James. *Chaos-Making a new Science*. New York, Penguin Books, 1988.
GUATTARI, Felix. *L'Inconscient Machinique, Essais de Schizoanalyze*. Paris, Recherches, 1979.
HEIDER, Fritz. *Psicologia das Relações Interpessoais*. Edusp, São Paulo, 1970.

HILLMAN, James. *Psicologia Arquetípica*. São Paulo, Cultrix, 1988.
HOLENSTEIN, Elmar. *Introdução ao Pensamento de Romam Jakobson*. Rio de Janeiro, Zahar, 1978.
JOHANSEN, J. "Semiotic Approach". In: HELBO, André (org.). *Approaching Theatre*, Indiana University Press, 1991, pp. 92-134.
JUNG, Carl G. *Obras Completas*. Petrópolis, Vozes, 1981.
KUHN, Thomas. *A Estrutura das Revoluções Científicas*. São Paulo, Perspectiva, 1976.
LOTMAN, Yuri. *Universe of the Mind – A Semiotic Theory of Culture*. London, I. B. Tauris, 1990.
MACHADO, Arlindo. *A Arte do Vídeo*. São Paulo, Brasiliense, 1988.
MATTOS, Olgária. "A Melancolia de Ulisses". In: NOVAIS, Fernando (org.). *Os Sentidos da Paixão*. São Paulo, Cia. das Letras, 1987, pp. 141-157.
MEICHES, Mauro. "Psicanálise e Teatro: uma Pulsionalidade Especular". Tese de mestrado, PUC/SP, 1992.
MERLEAU-PONTY, Maurice. *Sens et non-sens*. Paris, Nagel, 1966.
____. *O Visível e o Invisível*. São Paulo, Perspectiva, 1964.
MILAN, Betty. "Derrida Caça os Fantasmas de Marx" (entrevista com Jacques Derrida). *Folha de S. Paulo*, Mais!, 26 jun. 1994.
NIETZSCHE, Friedrich. *A Origem da Tragédia*. São Paulo, Cia. das Letras, 1992 (tradução, notas e prefácio de Jacó Guinsburg).
PAGLIA, Camille. *Personas Sexuais: Arte e Decadência de Nefertite à Emily Dickinson*. São Paulo, Cia. das Letras, 1992.
PELBART, Peter Pál. "Tempos de Deleuze". *Cadernos de Subjetividade*, PUC--SP, jun. 1996, pp. 163-169.
PERLS, Frederick. *Gestalt Therapy Verbatim*. New York, Bantam Books, 1969.
PLAZA, Júlio. *Tradução Intersemiótica*. São Paulo, Perspectiva, 1987.
PIRES FERREIRA, Jerusa. "Cultura e Memória". *Revista USP* (24), dez.-fev. 1994-1995, pp. 114-120.
PRADO Jr., Bento. *Presença e Campo Transcendental*. São Paulo, Edusp, 1989.
____. "O Relativismo como Contraponto". *Folha de S. Paulo*, Mais!, 26 jun. 1994, pp. 8-10.
READ, Herbert. *A Arte de Agora, Agora*. São Paulo, Perspectiva, 1991.
ROBERT, Marthe. "Le Génie et son double". *Van Gogh*. Paris, Hachette, 1968, pp. 171-195.
ROLNYK, Sueli. *Cartografia Sentimental da América*. Tese de doutoramento, PUC-SP, 1987.
SONTAG, Susan. *Styles of Radical Will*. New York, Delta Boon, 1966.
SUBIRATS, Eduardo. *A Cultura como Espetáculo*. São Paulo, Nobel, 1989.
____. "Da Arte Total ao 'Music Hall' ". *Folha de S. Paulo*, Mais!, 29 ago. 1993.
ZUMTHOR, Paul. *A Letra e a Voz*. São Paulo, Cia. das Letras, 1993. (Tradução de Amálio Pinheiro e Jerusa Pires Ferreira.)

MODERNIDADE / PÓS-MODERNIDADE / CONTEMPORANEIDADE

REFERÊNCIAS BIBLIOGRÁFICAS

ANDERSON, Perry. "Modernidade e Revolução". *Novos Estudos*, n. 14, trad. *New Left Review* 144, mar.-abr. 1984.
AUGÉ, Marc. *Não-Lugares – Introdução a uma Antropologia da Supermodernidade*. São Paulo, Papirus, 1994.
BAUDELAIRE, Charles. "Le Peintre de la Vie Moderne". *Écrits sur L'Art*. Paris, Gallimard / Librairie Genérale Française, 1971.
BERGER, Peter et al. *The Homeless Mind: Modernization and Consciousness*. New York, Vintage Books, 1974.
BERMAN, Marshall. *Tudo que É Sólido Desmancha no Ar – A Aventura da Modernidade*. São Paulo, Cia. das Letras, 1987.
BERNSTEIN, Roberto. "On Paradigms and Revolutions in Science and Art: The Callenge of Interpretation". *Art Journal*, Summer 1984, pp. 109-117.
BRISSAC PEIXOTO, Nelson. *América: Imagens*. São Paulo, Cia. das Letras, 1989.
BÜRGER, Peter. "Toward a Critique of Modernity", s/d.
____ . "Significance of the *Avant-Garde* for Contemporary Aesthethics: A Reply to Jürgen Harbemas". *Review*, s/d, pp. 19-22.
CALINESCAU, Matei. *The Five Faces of Modernity*. North Carolina, Duke University Press. 1987.
CONNOR, Steven. *Postmodernist Culture – an Introduction to theories of the Contemporary*. Oxford, Basil Blackwell, 1984.
FOSTER, Hal. *The Anti-Aesthetic: Essays on Postmodern Culture*. Washington, Bay Press, 1983.
GABLIK, Susi. "Has the Modernism Failed?", s/d, pp. 107-124.
GARVIN, Harry (ed.). *Romanticism, Modernism, Postmodernism*. London/Toronto, Bucknell University Press, 1980.
HABERMAS, Jurgen. "Modernidade versus Pós-Modernidade". *Arte em Revista*, 7, 1983, pp. 86-91.
HASSAN, Ihab, HASSAN, Sally. "Ideas of Cultural Change". *Innovation/Renovation: New Perspectives on the Humanities*. Wisconsin, University of Winconsin Press, 1982.
JAMESON, Fredric. "Postmodernism and Consumer Society". *The Anti-Aesthetic*. Washington, Bay Press, 1983.
JENCKS, Charles. *The Language of Post Modern Architeture*. London, Academy, 1977.
KEHR, Stephan. *The Culture of Time and Space*. Boston, Harvard University Press, 1987.
LYOTARD, Jean François. *La Condition Postmoderne: Rapport sur le Savoir*. Paris, Minuit, 1978.
____ . "Answering the question: What is postmodernism". *Innovation/Renovation: New Perspectives on the Humanities*, Wisconsin, University of Wisconsin Press, 1982.
MAFFESOLI, Michel. *A Conquista do Presente*. Rio de Janeiro, Graal, 1985.
____ . *A Sombra de Dionísio*. Rio de Janeiro, Graal, 1985.
____ . *O Tempo das Tribos*. Rio de Janeiro, Forense Universitária, 1987.
MESCHONNIN, Henri. *Modernité Modernité*. Paris, Verdier, 1988.
NEWMAN, Charles. *The Post Modern Aura – The Act of Fiction in an Age of Inflacion*. Evaston III, Northwestern University Press, 1985.
SCHUTZ, A. *Le Chercheur et le quotidien*. Paris, Méridiens Klincksieck, 1987.

TEIXEIRA COELHO NETTO, J. *Moderno / Pós-Moderno*. Porto Alegre, L&PM, 1986.
VATTIMO, Gianni. *O Fim da Modernidade. Niilismo e Hermenêutica na Cultura Pós-Moderna*. Lisboa, Presença, 1987.

CONTRACULTURA

ALPERT, Richard. *Be Here Now*. The Lama Foundation, 1970.
BURROUGHS, William, GUINSBERG, Allen. *Cartas do Yage*. Porto Alegre, L&PM, 1984.
FROMM, Erich. *The Sane Society*, s/d.
GOODMAN, Paul. *Growing Up in Absurd*, s/d.
GUINSBERG, Allen. *The Fall of America*. San Francisco, City Lights, 1971.
HOFFMAN, Abbie. *Woodstock Nation*. New York, Simon & Schuster, 1969.
LEARY, Thimothy. *The Politics of Ecstasy*. London, The League for Spiritual Discovery, 1965.
LEARY, Thimothy, METZNER, Ralph, ALPERT, Richard. *The Psychodelic Experience*. New York, New Hyde Park, 1964.
MANDER, Jerry. "The Case for the elimination of Television". Mimeo., s/d.
NISKER, Wes "Scoop". *Crazy Wisdom – A provocative romp through the philosofies of East and West*. Berkeley, Ten Speed Press, 1990.
ROSZAK, Theodore. *Sources*. New York, Harper Colophon Books, 1972.
SERRA, Richard. "You are consumed". *Video Art: An Anthology*.
SNYDER, Gary. "Amitabho's Vow". *Myths and Texts*. New York, Corinth. Books, 1960.

MITOLOGIAS / RITUALIZAÇÃO / PROCESSOS DE CONSCIÊNCIA

ARGUELLES, José. *The Transformative Vision*. London, Shambala, 1975.
CAMPBELL, Joseph. *O Poder do Mito*. São Paulo, Palas Athena, 1992.
CARRIERÉ, Jean Claude. *O Mahabaharata* (roteiro do filme de Peter Brooks). São Paulo, Brasiliense, 1991.
CASTAÑEDA, Carlos. *O Poder do Silêncio*. Rio de Janeiro, Record, 1988.
GUDJIEFF, G. I. *Views From the Real World*. London, Arkana, 1984.
JUNG, C. G., WILHELM, R. *El Secreto de la Flor de Oro*. Buenos Aires, Paidos, 1977.
KORNFIELD, Jack. *A Path with Heart – A guide through the perils and promisses of spiritual life*. New York, Bantam Books, 1993.
LEGEZA, Laszlo. *Tao Magic: The Chinese Art of the Ocult*. New York, Pantheon Books, 1975.
MAKHDUN-UL-MULK. *Cartas de Um Mestre Sufi*. São Paulo, Pensamento, 1988.
MERTON, Thomas. *A Via de Chuang Tzu*. Petrópolis, Vozes, 1974.
METZNER, Ralph. *Maps of Consciousness*. New York, MacMillan, 1971.
NEUMANN, Erich. *The origins and History of Consciousness*. Princeton, Princeton University Press, 1954.

REFERÊNCIAS BIBLIOGRÁFICAS

NICOLL, Maurice. *Psychological Commentaries on the Teaching of Gurdjieff & Ouspensky.* London, Shambhala, 1984.
OUSPENSKY, Peter. *Fragmentos do Ensinamento Desconhecido.* São Paulo, Pensamento, 1984.
RAMANUJAN, A. K. *Speaking of Siva.* London, Penguin Books, 1973.
RAJNEESH, *Osho Views*, s/d.
ROHDEN, Huberto (org.). *Bhagavad Gita.* São Paulo, Alvorada, 1989.
TRIGUEIRINHO, José. *Miz Tli Tlan – Um Mundo que Desperta.* São Paulo, Pensamento, 1989.
TRUNGPA, Chögyan. *O Mito da Liberdade e o Caminho da Meditação.* São Paulo, Cultrix, 1976.
TULKU, Chagdud. *Gates to Buddhist Practice.* Junction City, Padma Publishing, 1993.
VON FRANZ, Marie Louise. *Alquimia – Introdução ao Simbolismo e à Psicologia.* São Paulo, Cultrix, 1985.
WATTS, Allan. *Psychotherapy East and West.* New York, Pantheon Books, 1961.
WILHELM, Richard. *I Ching – O Livro das Mutações.* São Paulo, Pensamento, 1986.
YOGANANDA, Paramahansa. *Autobiografia de um Iogue.* São Paulo, Summus, 1981.
ZIMMER, Heimrich. *Mitos e Símbolos na Arte e Civilização da Índia.* São Paulo, Palas Athena, 1989.

Material-Fonte

Como material-fonte da pesquisa, considerei a observação de espetáculos, roteiros, material textual, *storyboard*s, vídeos, bem como o depoimento ou o contato com artistas e pesquisadores cujo trabalho tem pertinência com o universo referencial do trabalho.

O levantamento de material-fonte incluiu visitas a acervos, contato com artistas, centros de pesquisa e o acompanhamento de espetáculos, eventos e manifestações.

O contato com fontes e referências primárias completou-se, também, no trabalho prático de encenação do espetáculo e condução de *workshops*, através do contato com artistas, alunos e colaboradores, bem como na participação em *workshops* e vivências, relacionadas a seguir.

FONTES TEXTUAIS

Roteiros de Peças / Performances / Catálogos

ABRAMOVIC, Marina. Departure. "The Brazilian Project of Marina Abramovic". *Performance* n. 65, pp. 61-65.
ACONCCI, Vito. *Blindfolded Catching Piece.* New York, jun. 1970.
____. *Security Zone.* New York, fev. 1971.
ANTUNES, Arnaldo. *Nome.* São Paulo, BMG Brasil, 1993.
BAUSCH, Pina. "On the montain a cry was heard" (1984). *Theater, Theory, Postmodernism.* Birringer.
BECKETT, Samuel. *Collected Shorter Plays of Samuel Beckett.* London, Faber and Faber, 1984.

* Foto: Programa de *Para Dar um Fim no Juízo de Deus.*

BEUYS, Joseph. *How to explain pictures to a dead hare* (1965), In: TISDALL, Caroline. *Joseph Beuys*, New York, s/d.
_____. *Felt TV – Aktion and Object* (1968), In: TISDALL, Caroline. *Joseph Beuys*, New York, s/d.
_____. *Blitzschlag mit Lichtschein auf Hirsch* – 1958-1985 (catálogo, org. Heiner Bastian). Bern, Berteli, 1986.
_____. *Drawings, Objects and Prints*. Stuttgart, Institute for Foreign Cultural Relations, 1989 (catálogo).
BRECHT, Bertolt. *Baal*. Tradução de Márcio Aurélio e Willi Bolle. *Teatro Completo*, v. 1. São Paulo, Paz e Terra, 1987.
BURDEN, Chris. *Prelude to 220 or 110*. F. Space, Santa Ana, California, set. 1971 (1).
_____. *Dos Equis. Performance-Instalação*. Laguna Canyon Road, California, out. 1972.
CAGE, John. *Silence*, New York, s/d.
FINKEY, Karen. *Tales of Taboo*. New York, 1991.
FLUXUS. *Manifesto Fluxus*, s/d.
FOREMAN, Richard. *Pandering on the masses*. A Missepresentation in theather of Images (Bonnie Marranca). New York, Drama Book Specialists, 1972.
_____. *Book of Splendeurs*. Theater, Yale School of Drama. IX(2) 78-29, Spring, 1978.
GURDJIEFF. "Dervisch Dance (1910)". *The Drama Review*, 22(2), 1978, pp. 32-44.
KAPROW, Allan. *18 Happenings in 6 parts*. New York, Reuben Gallery, 1959.
KHLÉBNIKOV, Vélimir. *Ka*. Perspectiva, 1977.
MABOU MINES. "Shaggy Dog". *The Drama Review*, 22 (3), 1978 , pp. 45-54.
MONK, Meredith. "Vessel". *The Drama Review*, 20 (3), 1976, pp. 51-66.
NAKAJIMA, Natsu. "Sleep and Reincarnation from an Empty Land". Theater, Theory, Postmodernism, Birringer.
ONO, Kazuo. (Diversos).
OPPENHEIM, Dennis. *Attempt to Raise Hell*, 1974(1).
PANE, Gina. *Sentimental Action*. Milano, 1973(1).
SCHWITTERS, Kurt. "Die ur Sonaté", Edewcht. Dadá Research Center. 1985.
THOMAS, Gerald. *The Crash and the Flash Days*. Programa da peça.
_____. *O Império das Meias Verdades*. Programa da peça.
WILSON, Robert. *Life & Times of Joseph Stalin*. New York, mimeo., 1973.
_____. *A Letter for Queen Victoria* (1975), In: MARRANCA, Bonnie. *Theater of Images*. New York, Drama Book, 1977, pp. 46-109.
_____. *Einstein on the Beach*. New York, mimeo., 1976.
_____. "I was sitting on my Patio this guy appeared I thought I was hallucinating". *Drama Review*, 29(4), 1977, pp. 75-78.
_____. *The Civil Wars*. Dramaturgia. Heiner Müller, 1984. Mimeo.
WOOSTER Group. L.S.D. (Just the high Points). 1984.
_____. *Route 1&9 (The Last act)* (1981). In: HEUVEL, Michael. *Performing Drama/Dramatizing Performance*. Michigan, The University of Michigan Press, 1991.

ESPETÁCULOS/PEÇAS/PERFORMANCES*

* Relacionamos trabalhos pertinentes com a linguagem *in progress*. A lista não é exaustiva e cobre principalmente os eventos de São Paulo.

Aguillar e a Banda Performática, Centro Cultural, São Paulo, 1987.
Trilogia Kafka. Direção: Gerald Thomas. Teatro Ruth Escobar, São Paulo, 1988.
Mattogrosso. Direção: Gerald Thomas. Teatro Municipal, São Paulo, 1990.
M.O.R.T.E. Direção: Gerald Thomas. Teatro Sérgio Cardoso, São Paulo, 1991.
A Conferência dos Pássaros. Direção: Jean Pierre Kaletrianos. Espaço Augusta (Gurdjieff), São Paulo, 1991.
Kelbilin, o Cão da Divindade. Direção: Luis Otávio Burnier. Pinacoteca, São Paulo, 1991.
A Bau a Qu. Direção: Enrique Dias. Festival de Teatro de Curitiba, 1991.
Melodrama. Direção: Enrique Dias. TUCA, São Paulo, 1996.
La Fura Dels Baus. Bienal de São Paulo, São Paulo, 1992.
Trilogia Antiga: Medeia, Troianas, Eletra. Direção: Andrei Serban. Sesc Pompeia, São Paulo, 1992.
O Livro dos Mortos de Alice – Danças Transitórias. Direção: Maura Baiocchi. Sesc Pompeia, São Paulo, 1992.
Katastrophé. Direção: Rubens Rusche. Teatro Sérgio Cardoso, São Paulo,1989.
O Cobrador. Direção: Beth Lopes. Teatro Sérgio Cardoso, São Paulo. 1991.
Magritte – Espelho Vivo. Direção: Renato Cohen. MAC, 1987.
Sturm und Drang. Direção: Renato Cohen. Parque Modernista, São Paulo, 1995.
Vitória sobre o Sol. Direção: Renato Cohen. Centro Cultural São Paulo, 1996.
Viagem ao Centro da Terra. Direção: Ricardo Karman e Otávio Donasci. Túnel do Rio Pinheiros, São Paulo, 1992.
O Paraíso Perdido. De Antonio Araújo e Sérgio Carvalho. Catedral Metropolitana, Festival de Teatro de Curitiba, 1993.
O Livro de Jó. Direção: Antônio Araújo. Hospital Matarazzo, São Paulo, 1996.
Koelet. Direção: Bia Lessa. Teatro Mars, São Paulo,1995.
Pentesileias. Direção: Daniela Thomas e Beth Coelho. Teatro Oficina, São Paulo, 1995.
Ópera de Java. Cia Dalem Pujukusuman, Sesc Pompeia, São Paulo, 1993.
One Man. Steven Berkoff. Festival Internacional de Teatro, São Paulo, 1994.
Evento Arte Cidade. Curadoria de Nelson Brissac Peixoto. Matadouro, São Paulo, 1994.
Corpo de Baile. Direção: Ulisses Cruz e Jaime Compri. Teatro Mambembe, São Paulo, 1991.
Poesia é Risco. Augusto de Campos & Cid Campos & Walter Silveira. Sesc Pompeia, São Paulo, 1996.
Espelho d'Água. Vera Sala, Sesc, 1997.
La Fura Dels Baus. Mars, Sesc Pompeia, São Paulo, 1997.
São Paulo: Synfonia da Metrópole. Livio Tragtenberg e Wilson Sukovski. Sesc, 1997.
Poesia Sonora. Philadelpho Menezes. Insituto Cultural Itaú, São Paulo, 1997.
Strip-tease. Analívia Cordeiro. Evento Mediações. Curadoria: Daniela Busso. Instituto Cultural Itaú, São Paulo, 1997.
Frank Dell's – The Temptations of Saint Antony. Wooster Group. Direção: Elizabeth LaCompte. Teatro Sesc Anchieta, São Paulo, 1996.
Utopias. Tunga. Casa da Rosas, São Paulo. 1996.

A Conquista do México. Criação e Direção: Min Tanaka. Teatro Sérgio Cardoso, São Paulo, 1996.
20/20 Blake a Virtual Shoe. Direção: George Coates. Teatro Sérgio Cardoso. Festival Internacional de Teatro, São Paulo, 1996.

FONTES MULTIMÍDICAS

Videografia

ANDERSON, Laurie. *Language is a Virus*. New York, 1990.
_____. *Unites States: Parts I-IV*. New York, 1983.
BAUSCH, Pina. *Café Mueller*. Wupperthal, 1978.
BEUYS, Joseph. *Coyote, I Like America and America Likes Me*, New York. 1991.
_____. *In Memoriam George Maciunas*. Galeria Rene Block, Berlin, 1978.
_____. *Transformer*. New York, 1982.
BREUER, Lee. *Gospel at Colonus & Sister Suzie Cinema*. New York, s/d.
BROOK, Peter. *O Mahabharata*. Parábola Vídeos, New York, 1991.
GROTOWSKI, Jerzi. *A Arte como Veículo*. Sesc São Paulo, 1997.
HILL, Gary. *Site Recite*.1989.
JOOS, Kurt. *Der Grüne Tisch (A Mesa Verde)*. Essen, 1932.
KIESLOWSKI. *Blue*. França, 1994.
MEIRELES, Lucila. *Sinfonia Panamérica*. São Paulo, 1990.
SILVEIRA, Walter. *Minha Viagem em Wesley Duke Lee d'o Helicóptero à Fortaleza de Arkadin*. São Paulo, 1992.
VIOLLA, Bill. *Passing*. 1990.
_____. *Site of the Unseen*. 1994.
WIGMAN, Mary. *Mary Wigman*, s/r/d.
WILSON, Bob. *Vídeo 50*. New York, 1978.

Hipertexto / Arte Telemática

BUTLEDIENE. Experimentos sobre a Cena Futurista e Construtivista. (Hipertexto/Site – Lúcio Agra e Renato Cohen- www.pucsp.br/~cos-puc/budetlie/index.html). Instituto Cultural Itaú, Evento Internacional de Arte e Tecnologia, 1997.
GLOBAL BODIES. Evento de Arte Telemática.Museu de Arte Digital – Karlhuz (ZKM) – Transmissão da *Performance*-Máquina Futurista (Renato Cohen, Lúcio Agra, Arnaldo de Mello, Lali Krotozinski, Andrea Araujo). Instituto Cultural Itaú, São Paulo, Evento Internacional de Arte Tecnologia, 1997.
KNOWBOTIC RESEARCH. 10. Dencies (Hipertexto). Instituto Cultural Itaú, 1997.
ON TRANSLATION. Muntadas (Hipertexto/Site- www.documenta.de/muntadas/index.html). Instituto Cultural Itaú, 1997.

TEATRO NA PERSPECTIVA

O Sentido e a Máscara
    Gerd A. Bornheim (D008)
A Tragédia Grega
    Albin Lesky (D032)
Maiakóvski e o Teatro de Vanguarda
    Angelo Maria Ripellino (D042)
O Teatro e sua Realidade
    Bernard Dort (D127)
Semiologia do Teatro
    J. Guinsburg, J. T. Coelho Netto e Reni C. Cardoso (orgs.) (D138)
Teatro Moderno
    Anatol Rosenfeld (D153)
O Teatro Ontem e Hoje
    Célia Berrettini (D166)
Oficina: Do Teatro ao Te-Ato
    Armando Sérgio da Silva (D175)
O Mito e o Herói no Moderno Teatro Brasileiro
    Anatol Rosenfeld (D179)
Natureza e Sentido da Improvisação Teatral
    Sandra Chacra (D183)
Jogos Teatrais
    Ingrid D. Koudela (D189)
Stanislávski e o Teatro de Arte de Moscou
    J. Guinsburg (D192)
O Teatro Épico
    Anatol Rosenfeld (D193)
Exercício Findo
    Décio de Almeida Prado (D199)
O Teatro Brasileiro Moderno
    Décio de Almeida Prado (D211)

Qorpo-Santo: Surrealismo ou Absurdo?
    Eudinyr Fraga (D212)
Performance como Linguagem
    Renato Cohen (D219)
Grupo Macunaíma: Carnavalização e Mito
    David George (D230)
Bunraku: Um Teatro de Bonecos
    Sakae M. Giroux e Tae Suzuki (D241)
No Reino da Desigualdade
    Maria Lúcia de Souza B. Pupo (D244)
A Arte do Ator
    Richard Boleslavski (D246)
Um Voo Brechtiano
    Ingrid D. Koudela (D248)
Prismas do Teatro
    Anatol Rosenfeld (D256)
Teatro de Anchieta a Alencar
    Décio de Almeida Prado (D261)
A Cena em Sombras
    Leda Maria Martins (D267)
Texto e Jogo
    Ingrid D. Koudela (D271)
O Drama Romântico Brasileiro
    Décio de Almeida Prado (D273)
Para Trás e Para Frente
    David Ball (D278)
Brecht na Pós-Modernidade
    Ingrid D. Koudela (D281)
O Teatro É Necessário?
    Denis Guénoun (D298)
O Teatro do Corpo Manifesto: Teatro Físico
    Lúcia Romano (D301)

O Melodrama
  Jean-Marie Thomasseau (D303)
Teatro com Meninos e Meninas de Rua
  Marcia Pompeo Nogueira (D312)
O Pós-Dramático: Um conceito Operativo?
  J. Guinsburg e Sílvia Fernandes (orgs.) (D314)
Contar Histórias com o Jogo Teatral
  Alessandra Ancona de Faria (D323)
Teatro no Brasil
  Ruggero Jacobbi (D327)
40 Questões Para um Papel
  Jurij Alschitz (D328)
Teatro Brasileiro: Ideias de uma História
  J. Guinsburg e Rosangela Patriota (D329)
Dramaturgia: A Construção da Personagem
  Renata Pallottini (D330)
Caminhante, Não Há Caminho. Só Rastros
  Ana Cristina Colla (D331)
Ensaios de Atuação
  Renato Ferracini (D332)
A Vertical do Papel
  Jurij Alschitz (D333)
Máscara e Personagem: O Judeu no Teatro Brasileiro
  Maria Augusta de Toledo Bergerman (D334)
Teatro em Crise
  Anatol Rosenfeld (D336)
João Caetano
  Décio de Almeida Prado (E011)
Mestres do Teatro I
  John Gassner (E036)
Mestres do Teatro II
  John Gassner (E048)
Artaud e o Teatro
  Alain Virmaux (E058)
Improvisação para o Teatro
  Viola Spolin (E062)
Jogo, Teatro & Pensamento
  Richard Courtney (E076)
Teatro: Leste & Oeste
  Leonard C. Pronko (E080)
Uma Atriz: Cacilda Becker
  Nanci Fernandes e Maria T. Vargas (orgs.) (E086)
TBC: Crônica de um Sonho
  Alberto Guzik (E090)
Os Processos Criativos de Robert Wilson
  Luiz Roberto Galizia (E091)
Nelson Rodrigues: Dramaturgia e Encenações
  Sábato Magaldi (E098)

José de Alencar e o Teatro
  João Roberto Faria (E100)
Sobre o Trabalho do Ator
  M. Meiches e S. Fernandes (E103)
Arthur de Azevedo: A Palavra e o Riso
  Antonio Martins (E107)
O Texto no Teatro
  Sábato Magaldi (E111)
Teatro da Militância
  Silvana Garcia (E113)
Brecht: Um Jogo de Aprendizagem
  Ingrid D. Koudela (E117)
O Ator no Século XX
  Odette Aslan (E119)
Zeami: Cena e Pensamento Nô
  Sakae M. Giroux (E122)
Um Teatro da Mulher
  Elza Cunha de Vincenzo (E127)
Concerto Barroco às Óperas do Judeu
  Francisco Maciel Silveira (E131)
Os Teatros Bunraku e Kabuki: Uma Visada Barroca
  Darci Kusano (E133)
O Teatro Realista no Brasil: 1855-1865
  João Roberto Faria (E136)
Antunes Filho e a Dimensão Utópica
  Sebastião Milaré (E140)
O Truque e a Alma
  Angelo Maria Ripellino (E145)
A Procura da Lucidez em Artaud
  Vera Lúcia Felício (E148)
Memória e Invenção: Gerald Thomas em Cena
  Sílvia Fernandes (E149)
O Inspetor Geral de Gógol/Meyerhold
  Arlete Cavaliere (E151)
O Teatro de Heiner Müller
  Ruth C. de O. Röhl (E152)
Falando de Shakespeare
  Barbara Heliodora (E155)
Moderna Dramaturgia Brasileira
  Sábato Magaldi (E159)
Work in Progress na Cena Contemporânea
  Renato Cohen (E162)
Stanislávski, Meierhold e Cia
  J. Guinsburg (E170)
Apresentação do Teatro Brasileiro Moderno
  Décio de Almeida Prado (E172)
Da Cena em Cena
  J. Guinsburg (E175)
O Ator Compositor
  Matteo Bonfitto (E177)
Ruggero Jacobbi
  Berenice Raulino (E182)

Papel do Corpo no Corpo do Ator
    Sônia Machado Azevedo (E184)
O Teatro em Progresso
    Décio de Almeida Prado (E185)
Édipo em Tebas
    Bernard Knox (E186)
Depois do Espetáculo
    Sábato Magaldi (E192)
Em Busca da Brasilidade
    Claudia Braga (E194)
A Análise dos Espetáculos
    Patrice Pavis (E196)
*As Máscaras Mutáveis do
Buda Dourado*
    Mark Olsen (E207)
Crítica da Razão Teatral
    Alessandra Vannucci (E211)
Caos e Dramaturgia
    Rubens Rewald (E213)
Para Ler o Teatro
    Anne Ubersfeld (E217)
Entre o Mediterrâneo e o Atlântico
    Maria Lúcia de Souza B. Pupo (E220)
*Yukio Mishima: O Homem de Teatro
e de Cinema*
    Darci Kusano (E225)
O Teatro da Natureza
    Marta Metzler (E226)
Margem e Centro
    Ana Lúcia V. de Andrade (E227)
Ibsen e o Novo Sujeito da Modernidade
    Tereza Menezes (E229)
Teatro Sempre
    Sábato Magaldi (E232)
O Ator como Xamã
    Gilberto Icle (E233)
A Terra de Cinzas e Diamantes
    Eugenio Barba (E235)
A Ostra e a Pérola
    Adriana Dantas de Mariz (E237)
A Crítica de um Teatro Crítico
    Rosangela Patriota (E240)
O Teatro no Cruzamento de Culturas
    Patrice Pavis (E247)
*Eisenstein Ultrateatral: Movimento
Expressivo e Montagem de Atrações na
Teoria do Espetáculo de Serguei Eisenstein*
    Vanessa Teixeira de Oliveira (E249)
Teatro em Foco
    Sábato Magaldi (E252)
*A Arte do Ator entre os
Séculos XVI e XVIII*
    Ana Portich (E254)

O Teatro no Século XVIII
    Renata S. Junqueira e Maria Gloria C.
    Mazzi (orgs.) (E256)
A Gargalhada de Ulisses
    Cleise Furtado Mendes (E258)
Dramaturgia da Memória no Teatro-Dança
    Lícia Maria Morais Sánchez (E259)
A Cena em Ensaios
    Béatrice Picon-Vallin (E260)
Teatro da Morte
    Tadeusz Kantor (E262)
Escritura Política no Texto Teatral
    Hans-Thies Lehmann (E263)
Na Cena do Dr. Dapertutto
    Maria Thais (E267)
A Cinética do Invisível
    Matteo Bonfitto (E268)
*Luigi Pirandello:
Um Teatro para Marta Abba*
    Martha Ribeiro (E275)
Teatralidades Contemporâneas
    Sílvia Fernandes (E277)
Conversas sobre a Formação do Ator
    Jacques Lassalle e Jean-Loup Rivière
    (E278)
A Encenação Contemporânea
    Patrice Pavis (E279)
As Redes dos Oprimidos
    Tristan Castro-Pozo (E283)
O Espaço da Tragédia
    Gilson Motta (E290)
A Cena Contaminada
    José Tonezzi (E291)
A Gênese da Vertigem
    Antonio Araújo (E294)
A Fragmentação da Personagem no Texto Teatral
    Maria Lúcia Levy Candeias (E297)
*Alquimistas do Palco: Os Laboratórios
Teatrais na Europa*
    Mirella Schino (E299)
*Palavras Praticadas: O Percurso Artístico de
Jerzy Grotowski, 1959-1974*
    Tatiana Motta Lima (E300)
*Persona Performática: Alteridade e
Experiência na Obra de Renato Cohen*
    Ana Goldenstein Carvalhaes (E301)
Como Parar de Atuar
    Harold Guskin (E303)
*Metalinguagem e Teatro: A Obra de Jorge
Andrade*
    Catarina Sant Anna (E304)
Enasios de um Percurso
    Esther Priszkulnik (E306)

Função Estética da Luz
  Roberto Gill Camargo (E307)
Poética de "Sem Lugar"
  Gisela Dória (E311)
Entre o Ator e o Performer
  Matteo Bonfitto (E316)
A Missão Italiana: Histórias de uma Geração de Diretores Italianos no Brasil
  Alessandra Vannucci (E318)
Além dos Limites: Teoria e Prática do Teatro
  Josette Féral (E319)
Ritmo e Dinâmica no Espetáculo Teatral
  Jacyan Castilho (E320)
A Voz Articulada Pelo Coração
  Meran Vargens (E321)
Beckett e a Implosão da Cena
  Luiz Marfuz (E322)
Teorias da Recepção
  Claudio Cajaiba (E323)
A Dança e Agit-Prop
  Eugenia Casini Ropa (E329)
O Soldado Nu: Raízes da Dança Butô
  Éden Peretta (E332)
Teatro Hip-Hop
  Roberta Estrela D'Alva (E333)
Alegoria em Jogo: A Encenação Como Prática Pedagógica
  Joaquim C.M. Gama (E335)
Jorge Andrade: Um Dramaturgo no Espaço-Tempo
  Carlos Antônio Rahal (E336)
Campo Feito de Sonhos: Inserção e Educação Através da Arte
  Sônia Machado de Azevedo (E339)
Os Miseráveis Entram em Cena: Brasil, 1950-1970
  Marina de Oliveira (E341)
Isto Não É um Ator
  Melissa Ferreira (E342)
Teatro: A Redescoberta do Estilo e Outros Escritos
  Michel Saint-Denis (E343)
Do Grotesco e do Sublime
  Victor Hugo (EL05)
O Cenário no Avesso
  Sábato Magaldi (EL10)
A Linguagem de Beckett
  Célia Berrettini (EL23)
Ideia do Teatro
  José Ortega y Gasset (EL25)
O Romance Experimental e o Naturalismo no Teatro
  Emile Zola (EL35)

Duas Farsas: O Embrião do Teatro de Molière
  Célia Berrettini (EL36)
Giorgio Strehler: A Cena Viva
  Myriam Tanant (EL65)
Marta, A Árvore e o Relógio
  Jorge Andrade (T001)
O Dibuk
  Sch. An-Ski (T005)
Leone de'Sommi: Um Judeu no Teatro da Renascença Italiana
  J. Guinsburg (org.) (T008)
Urgência e Ruptura
  Consuelo de Castro (T010)
Pirandello do Teatro no Teatro
  J. Guinsburg (org.) (T011)
Canetti: O Teatro Terrível
  Elias Canetti (T014)
Ideias Teatrais: O Século XIX no Brasil
  João Roberto Faria (T015)
Heiner Müller: O Espanto no Teatro
  Ingrid D. Koudela (org.) (T016)
Büchner: Na Pena e na Cena
  J. Guinsburg e Ingrid Dormien Koudela (orgs.) (T017)
Teatro Completo
  Renata Pallottini (T018)
Barbara Heliodora: Escritos sobre Teatro
  Claudia Braga (org.) (T020)
Machado de Assis: Do Teatro
  João Roberto Faria (org.) (T023)
Luís Alberto de Abreu: Um Teatro de Pesquisa
  Adélia Nicolete (org.) (T025)
Teatro Espanhol do Século de Ouro
  J. Guinsburg e N. Cunha (orgs.) (T026)
Tatiana Belinky: Uma Janela para o Mundo
  Maria Lúcia de S. B. Pupo (org.) (T28)
Peter Handke: Peças Faladas
  Samir Signeu (org.) (T030)
Dramaturgia Elizabetana
  Barbara Heliodora (org.) (T033)
Um Encenador de si Mesmo: Gerald Thomas
  J. Guinsburg e Sílvia Fernandes (S021)
Três Tragédias Gregas
  Guilherme de Almeida e Trajano Vieira (S022)
Édipo Rei de Sófocles
  Trajano Vieira (S031)
As Bacantes de Eurípides
  Trajano Vieira (S036)
Édipo em Colono de Sófocles
  Trajano Vieira (S041)

Agamêmnon de Ésquilo
   Trajano Vieira (S046)
Antígone de Sófocles
   Trajano Vieira (S049)
Lisístrata e Tesmoforiantes
   Trajano Vieira (S052)
Os Persas de Ésquilo
   Trajano Vieira (S55)
Teatro e Sociedade: Shakespeare
   Guy Boquet (K015)
Alda Garrido: As Mil Faces de uma Atriz Popular Brasileira
   Marta Metzler (PERS)
Caminhos do Teatro Ocidental
   Barbara Heliodora (PERS)
O Cotidiano de uma Lenda: Cartas do Teatro de Arte de Moscou
   Cristiane L. Takeda (PERS)
Eis Antonin Artaud
   Florence de Mèredieu (PERS)
Eleonora Duse: Vida e Obra
   Giovanni Pontiero (PERS)
Linguagem e Vida
   Antonin Artaud (PERS)
Ninguém se Livra de seus Fantasmas
   Nydia Licia (PERS)
Sábato Magaldi e as Heresias do Teatro
   Maria de Fátima da Silva Assunção (PERS)
Vsévolod Meierhold: Ou a Invenção da Cena
   Gérard Abensour (PERS)
Nissim Castiel: Do Teatro da Vida Para o Teatro da Escola
   Debora Hummel e Luciano Castiel (orgs.) (MP01)
O Grande Diário do Pequeno Ator
   Debora Hummel e Silvia de Paula (orgs.) (MP02)
Um Olhar Através de... Máscaras
   Renata Kamla (MP03)
Performer Nitente
   Adriano Cypriano (MP04)
O Gesto Vocal
   Mônica Andréa Grando (MP05)
A Incorporação Vocal do Texto
   Marcela Grandolpho (MP07)
O Ator no Olho do Furacão
   Eduardo de Paula (MP07)
Br-3
   Teatro da Vertigem (LSC)
Com os Séculos nos Olhos
   Fernando Marques (LSC)
Dicionário de Teatro
   Patrice Pavis (LSC)
Dicionário do Teatro Brasileiro: Temas, Formas e Conceitos
   J. Guinsburg, João Roberto Faria e Mariangela Alves de Lima (coords.) (LSC)
História do Teatro Brasileiro, v. 1: Das Origens ao Teatro Profissional da Primeira Metade do Século XX
   João Roberto Faria (Dir.) (LSC)
História do Teatro Brasileiro, v. 2: Do Modernismo às Tendências Contemporâneas
   João Roberto Faria (Dir.) (LSC)
História Mundial do Teatro
   Margot Berthold (LSC)
O Jogo Teatral no Livro do Diretor
   Viola Spolin (LSC)
Jogos Teatrais: O Fichário de Viola Spolin
   Viola Spolin (LSC)
Jogos Teatrais na Sala de Aula
   Viola Spolin (LSC)
Léxico de Pedagogia do Teatro
   Ingrid Dormien Koudela; José Simões de Almeida Junior (coords.) (LSC)
Meierhold
   Béatrice Picon-Vallin (LSC)
Queimar a Casa: Origens de um Diretor
   Eugenio Barba (LSC)
Rastros: Treinamento e História de Uma Atriz do Odin Teatret
   Roberta Carreri (LSC)
Teatro Laboratório de Jerzy Grotowsky
   Ludwik Flaszen e Carla Pollastrelli (cur.) (LSC)
Últimos: Comédia Musical em Dois Atos
   Fernando Marques (LSC)
Uma Empresa e seus Segredos: Companhia Maria Della Costa
   Tania Brandão (LSC)
Zé
   Fernando Marques (LSC)

Este livro foi impresso na cidade de Cotia,
nas oficinas da Meta Brasil,
para a Editora Perspectiva.